73, 76, 125

**Gebrauchsanweisung
für Israel und Palästina**

Martin Schäuble

Gebrauchsanweisung
für Israel und Palästina

PIPER

Mehr Bäume.
Weniger CO₂.
www.cpibooks.de/klimaneutral

*Mehr über unsere Autoren und Bücher:*
*www.piper.de*

*Die Schreibweisen des Hebräischen und des Arabischen sind der münd-*
*lichen Aussprache angepasst.*

ISBN 978-3-492-27667-2
2. Auflage 2017
© Piper Verlag GmbH, München 2016
Dieses Werk wurde vermittelt durch Aenne Glienke | Agentur für Autoren
und Verlage, www.AenneGlienkeAgentur.de
Redaktion: Fabian Bergmann, München
Karte: cartomedia, Karlsruhe
Satz: le-tex publishing services GmbH, Leipzig
FSC-Papier: Munken Premium von Arctic Paper
Druck und Bindung: CPI books GmbH, Leck
Printed in the EU

# Inhalt

von Israel besetztes syrisches Gebiet

Die Grenzen zum Gazastreifen, zum Westjordanland und rund um Ostjerusalem sind international umstritten und von Israel einseitig gezogen worden.

Die israelischen Siedlungen in Palästina werden nicht angezeigt.

LIBANON

Metula

Kiryat Schmona

SYRIEN

GOLAN-HÖHEN

Akko

See Genezareth

Tiberias

Haifa

Nazareth

*Mittelmeer*

Jenin

Tulkarem

Nablus

*WEST-JORDANLAND*

Jordan

Tel Aviv-Yafo

Jaffa

**Amman**

Ramallah

**PALÄSTINA**

**Jerusalem**

Jericho

Bethlehem

*Totes Meer*

Gaza-Stadt

*GAZA-STREIFEN*

Hebron

Ein Gedi

Massada

JORDANIEN

Beerscheba

**ISRAEL**

Mitzpe Ramon

*Negevwüste*

ÄGYPTEN

N

0    50 km

Eilat

*Rotes Meer*

# Theater über den Wolken

Willkommen an Bord! Von Deutschland aus dauert der Flug nach Tel Aviv rund vier Stunden. Entspannen Sie sich, Sie haben nichts vergessen. Den Reisepass mussten Sie ja schon beim Einchecken vorzeigen. Wenn Sie öfter in arabischen Ländern Urlaub machen, lohnt sich ein Zweitpass. Den stellen Ihnen die deutschen Behörden nach Ihrem dezenten Hinweis »Israelreise« aus. So hübsch die arabischen Schriftzeichen auch auf dem Papier aussehen, sie führen zu vielen Fragen, die keine Reise verschönern.

Wenn Sie einen Flieger der Gesellschaft El Al buchen, dann wird Ihnen die große Bühne geboten. Das Theaterticket ist quasi im Flugpreis enthalten. Mit der staatlichen Fluglinie Israels reisen Sie bei früher Buchung nicht teurer als mit den deutschen Konkurrenten. Und das, obwohl man sich viel mehr um Sie kümmern wird. Ob Sie wollen oder nicht.

Schon am deutschen Flughafen erwarten Sie El-Al-Sicherheitsmitarbeiter mit ihren Fragen zur anstehenden Reise. Vor einiger Zeit traf ich an einem Berliner Flughafen auf einen ehemaligen Kommilitonen, einen Israeli, der in Deutschland studiert hatte und jetzt für El Al arbeitete. Nun fragte er mich streng nach Protokoll aus, als ob wir uns noch nie zuvor gesehen hätten. Sicherheit geht vor! Oder mit einem El-Al-Werbespruch gesagt, der sicher anders gemeint ist: »Es ist nicht nur eine Fluggesellschaft. Es ist Israel.«

Im Flieger geht die Vorstellung weiter. Ein klarer Vorteil zu den Theatern unten am Boden ist hier oben: Sie dürfen während der Vorstellung essen. Alles ist koscher, und was das genau bedeutet und wieso koscher nicht gleich koscher ist, erfahren Sie bei den Diskussionen an Bord oder im Kapitel »Shrimps in Falafel«.

Bei der Essensausgabe beobachte ich: Nicht jeder Israeli freut sich über koscher. Nehmen wir die zwei jungen nicht religiösen Juden neben mir, offenbar noch erschöpft von der großen Berlin-Party. Missmutig stochern sie im vorgesetzten Essen herum. Vielleicht erinnern sich beide in diesem Moment an den einen oder anderen nicht so koscheren Genuss während des Urlaubs – oder in ihrem Tel Aviver Lieblingsrestaurant, wo man es auch nicht immer so genau nimmt. Dabei kann koscher sehr fantasievoll und lecker sein, wie der deutsch-israelische Spitzenkoch aus dem Rheinland Tom Franz im besagten Kapitel erklären wird.

Ach, ich träume bereits vom ofenfrischen Fladenbrot, getunkt in Olivenöl und Balsamico, in Meersalz getupft. Dazu Fisch, ins Netz geschwommen vor der Küste Jaffas. Diese Küste werden Sie übrigens sehen, wenn Sie in einigen Stunden über dem Mittelmeerstrand und den Hochhäusern von Tel Aviv zur Landung ansetzen. Hier wohnen immerhin rund 400 000 der rund acht Millionen im Land lebenden Israelis.

Weiter südlich werden Sie dann den Gazastreifen erahnen können, mit dem Flieger wären Sie in vier Minuten dort. Landen kann man da allerdings nicht mehr. Den Flughafen zerstörte das israelische Militär. Doch zum Konflikt kommen wir später noch ausführlich. Schauen Sie beim Anflug erst mal nach links und folgen dem Küstenstreifen. Keine 150 Kilometer weiter beginnt der Libanon. So groß Israel und Palästina in den Nachrichten wirken, so klein sind die beiden Länder geografisch: selbst zusammengenommen um einiges kleiner als die Schweiz.

Den orthodoxen Juden ein paar Reihen vor mir ist die so sorgsam verpackte Speise hingegen nicht koscher genug; das falsche Zertifikat stamme vom falschen Rabbi und so weiter. Den mit schwarzen Mänteln bekleideten Religiösen habe ich bereits beim Verpacken ihrer großen Hüte zugesehen. Ihre schwarzen Hutkoffer passten wunderbar ins Handgepäck. Wohin mit dem Rest? Das gehört zu den ungelösten Problemen der Luftfahrt.

Zähe Verhandlungen mit dem Bordpersonal führten zu meterweiten Verschiebungen des Handgepäcks in die vorderen Reihen und wieder zurück. Was für ein wundervolles Schlamassel über den Wolken! Zuschauen lohnt sich schon allein deswegen, damit Sie später Ihre Sachen wiederfinden. Und vielleicht hören Sie auch einen Orthodoxen selbst von »Schlamassel« sprechen, das Wort kommt schließlich aus dem Jiddischen.

Diese alte, dem Deutschen verwandte Sprache beherrscht noch so mancher Israeli, vor allem die Orthodoxen. Ansonsten wird immer das Neuhebräisch gesprochen – in Palästina Arabisch. Sollten Sie Fragen zur Sprache und überhaupt zur bevorstehenden Reise im Land haben, wenden Sie sich am besten an Ihre Sitznachbarn auf den Plätzen vor und hinter sich.

Vielleicht lernen Sie vorab schnell noch ein paar schöne Worte zum Einstieg. »Manischma?« bedeutet »Wie geht's?« auf Hebräisch. Und locker auf Arabisch an Palästinenser gerichtet: »Kief il-hal?« – frei übersetzt: »Wie läuft's?« Oder legen Sie mit Händen und Füßen und anderen Fremdsprachen los. Einziges Problem, die Kommunikation könnte etwas einseitig ausfallen, denn Palästinenser werden Sie in diesem Flugzeug kaum finden. Die müssen aufgrund von israelischen Bestimmungen über Jordanien einreisen. Dort landen sie in Amman und fahren mit Bussen weiter in die Westbank, die auf Deutsch Westjordanland heißt, weil es westlich des Jordans liegt, des Grenzflusses zu Jordanien.

In der Westbank leben rund drei Millionen Palästinenser, im Gazastreifen sind es etwa zwei Millionen. Wer von den Gaza-Palästinensern reisen darf, macht das natürlich nicht über Jordanien, sondern über das angrenzende Ägypten. Andersherum können Entwicklungshelfer, Journalisten, Politiker und Ärzte nach Antragstellung bei israelischen Behörden in den Gazastreifen einreisen.

So sehenswert die Region ist und besuchenswert ihre Bewohner sind, eine Reise dorthin benötigt eine Gebrauchsanweisung für sich. Der Gazastreifen ist ein Krisengebiet, das immer wieder unberechenbar und schnell zum Kriegsgebiet wird. Daher werde ich in diesem Buch nur selten auf den Gazastreifen eingehen. Wenn auch vieles, was ich über Kultur, Religion und Gesellschaft sage, auf beide Teile Palästinas zutrifft.

Doch zurück an Bord: Selbst wenn sich also kein Palästinenser unter Ihren Mitreisenden befinden sollte, entdecken Sie bestimmt den ein oder anderen »arabischen Israeli« – der sich vielleicht selbst eher »palästinensischer Bürger Israels« nennen würde. Was das nun wieder zu bedeuten hat, werde ich Ihnen auch später erklären.

Die meisten Araber, die ich kenne, meiden El Al wegen der zähen Fragerei zu ihrer Herkunft bereits vor dem Abflug. Doch egal, mit welcher Gesellschaft sie reisen, am Flughafen in Tel Aviv werden sie dennoch häufig stundenlang ins Kreuzverhör genommen. Eine deutsche Freundin mit palästinensischen Wurzeln musste das einmal einen halben Tag lang über sich ergehen lassen, bevor sie mit ihrer kleinen Tochter einreisen durfte.

Aber keine Sorge, dieser Flughafen mit all seinen Herausforderungen liegt noch in weiter Ferne. Ihre Fragen beantwortet man derweil an Bord sicher gern. Israelis und Palästinenser sind Deutschen gegenüber sehr offen. Und sie freuen sich oftmals über Kontakt mit ihnen. Gefühlt kenne ich weit mehr Israelis als Deutsche, die schon mal in Berlin waren. Aufgrund unserer Geschichte können natürlich auch ganz andere Situationen und Gespräche entstehen.

Bestimmt stoßen Sie bei Ihrer Kontaktaufnahme im Flieger auch auf andere Reisende, also weder Israelis noch Palästinenser. Meine unvollständige Liste dieser Personengruppe ist sehr lang: von Neurodermitis geplagte Kurgäste auf dem Weg ans heilsame Tote Meer, stets gut gelaunte und gesellige Pilger, Kulturfreunde aus aller Welt, Städtebummler und Wüstenwanderer.

Ganz oben stehen jedoch die vom Liebeskummer Geplagten. Liebeskummer nach der israelischen oder palästinensischen Partnerin oder dem Partner oder den Partnern. Liebeskummer nach Meeresstrand oder Wüstensand, nach Hummus oder Falafel, nach dem heiligen Jerusalem oder dem weltlichen Tel Aviv; manchmal auch einfach nur Lie-

beskummer nach Israel *oder* Palästina. Selten nach *beidem* –
doch das wird sich hoffentlich irgendwann ändern.

Ihre unterhaltsamen Stunden über den Wolken werden
höchstens durch das Serviceangebot der El-Al-Flugbeglei-
ter unterbrochen. Für das bargeldlose Zahlen benötigen Sie
wie immer im Flieger eine Kreditkarte. Und auch nach der
Landung ist das Plastikteil wichtig: für die Reise durch Israel
und Palästina geradezu unerlässlich! An nicht allen Bankau-
tomaten erhalten Sie mit einer einfachen EC-Karte Geld.
Und Sie können damit auch keinen Wagen ausleihen oder
eines der erholsamen Hotelbetten bezahlen.

Zudem lohnt es sich nicht, in Deutschland Geld zu wechseln. Am Flughafen in Tel Aviv lassen sich bei den Automa-
ten unmittelbar neben den Gepäckbändern oder am Ausgang israelische Schekel abheben. Der Schekel ist ebenso in
Palästina die vorrangige Währung. Wenn auch manch einer
im Geldbeutel dort zusätzlich jordanische Dinar und US-
Dollar aufbewahrt.

Egal, was Sie vorhaben, Städtetrip oder Naturidylle, Auto-
maten finden Sie in jeder israelischen Kleinstadt. In Palästina
werden Sie nur in größeren Städten wie Ramallah, Nablus,
Bethlehem oder Hebron fündig. Überhaupt bietet sich bei
einer Reise ein Mix aus Stadt und Land an. Sie reisen durch
drei sehr unterschiedliche Klimazonen, je nachdem, ob Sie
in den Bergen, am Mittelmeer oder in der Wüste unterwegs
sind. Die Natur ist dementsprechend vielfältig. Ich denke
da an die schwer von den Ästen hängenden Granatäpfel, die
Zitronen-, Oliven- und Mandelbäume, die Bananenstauden
und Dattelpalmen.

Kurz vor der Landung ist Ihr Adressbüchlein voll. Vielleicht knüpften Sie auch erste Geschäftskontakte, handeln

alsbald mit palästinensischem Olivenöl oder israelischen Computerchips. In den Gesprächen haben Sie bereits so manches über die Vorurteile auf beiden Seiten gehört.

Vielleicht haben Sie aber auch keine Unterhaltung geführt, sondern zu einem Glas israelischen Rotwein in aller Ruhe diese Gebrauchsanweisung gelesen. Auch gut. Zeit für Gespräche, gewollte und ungewollte, wird es auf Ihrer anstehenden Reise ohnehin noch genug geben.

# Hightech-Superdemokratie gegen Diktatur mit Eselsantrieb?

Israel ist eine Superdemokratie. Von Juden für Juden errichtet. Aus dem Nichts entstanden. Nein, besser: aus unfruchtbarer Wüste erschaffen! Ein Wunder, keine Frage. Alles göttlich so gewollt, natürlich. Ein Heimatland für Juden aus aller Welt, egal, welcher Herkunft. Zu allem Überfluss auch noch eine lupenreine Superdemokratie, die weder Kleptokratie noch Korruption, noch andere Formen von Machtmissbrauch kennt.

Und Palästina? Was ist Palästina? Das Wort existiert doch gar nicht, alles reine Erfindung der Araber... Und eine palästinensische Identität gibt es sowieso nicht. So erzählt man sich das Märchen in Israel.

Die palästinensische Version geht so: Palästina war schon immer da. Heute ist das Land die einzige arabische Demokratie. Und was für eine! Mit freien Wahlen, freien Politikern, einem freien Volk – was der Westen sich so wünscht. Alles wäre in bester Ordnung, wären da nicht die Juden. Ja, die Juden. Denn Israelis heißen nicht schlicht Israelis, sondern »die Juden, die Palästina besetzen«. Und nur diese Besatzung ist an allem palästinensischen Übel schuld.

Sie werden auf Ihrer Reise so manchen Märchenerzählern begegnen. Der verworrene Konflikt lädt dazu ein, Fremde mit verdrehten Fakten und einer gehörigen Portion Patriotismus verführen zu wollen. Trotz all meiner Reisen höre ich immer noch gebannt zu. Dafür mag ich Geschichten viel zu sehr, auch wenn sie in Nahost selten ein Happy End haben. Es geht darin immer um den Kampf zwischen Gut und Böse, David gegen Goliath. Je nach Herkunft des Erzählers ist das Böse israelisch oder eben palästinensisch.

Verstehen Sie mich nicht falsch, Sie werden viele tolle, ehrliche Menschen treffen, die es gut mit Ihnen meinen. Doch die Wahrnehmung der politischen Ereignisse ist sehr einseitig. In Israel hören Sie die Klagen über palästinensische Terroristen, in Palästina über israelische Soldaten. Das eigene Schicksal rückt in den Mittelpunkt. Was auf der anderen Seite passiert, interessiert nicht, ist unerheblich. Und die Medien spielen mit, liefern die Bilder über das eigene Leid. Die Tränen der anderen berühren nicht.

Die 1922 in Bethlehem geborene Palästinenserin Amelie Dschaqaman fasste ihr Leid für mich so zusammen: »Meine Mutter kam während der osmanischen Besatzung auf die Welt. Ich wurde während der englischen Besatzung geboren, meine Kinder während der jordanischen, deren Kinder während der israelischen. Es gibt immer jemanden, der dieses Land will, aber nie jemanden, der uns will. Ist das keine Tragödie?«

Und der Israeli Abraham Bar-Am, Armeeoffizier im Ruhestand, sagte zu mir: »Von klein auf sah ich Kriege. Ich selbst kämpfte im Unabhängigkeitskrieg, im Suezkrieg, im Sechs-Tage-Krieg, im Jom-Kippur-Krieg und in vielen weiteren Einsätzen. Mein Sohn kämpfte. Mein Enkel kämpfte. Er liegt verwundet im Krankenhaus. Und ich glaube, der Enkel meines Enkels wird auch kämpfen.«

Solche Gespräche machen den Konflikt für mich greifbarer. Und ich verstehe seither auch, wieso es fast schon eine übermenschliche Leistung wäre, wenn Israelis oder Palästinenser zu einer nüchternen, objektiven Schilderung in der Lage wären. Ihr Leben ist eng verwoben mit dem Konflikt, der bis heute ihren Alltag prägt.

Wenn Sie mit den Menschen in der Region sprechen und immer wieder nachfragen, hören Sie ihre Geschichten von Krieg und Vertreibung. In Israel haben die Väter und Mütter Angst, wenn ihre Söhne und Töchter zur Armee gehen. Männer müssen drei Jahre dienen, Frauen zwei.

Auf palästinensischer Seite fürchten die Eltern, was der Konfliktalltag aus ihren Kindern macht. Ob sie sich radikalen Gruppen anschließen, die für sie Widerstandsbewegungen sind? Ob sie eines Tages in israelische Haft kommen? Und die ständige Frage: Was wird aus den Kindern in diesem Land werden?

Eine Mutter aus Nablus erzählte mir von einer der Ausgangssperren, von denen es während der Zweiten Intifada viele gab – des zweiten großen Aufstandes der Palästinenser gegen die israelische Besatzung, der 2000 ausbrach. Das israelische Militär untersagte allen, ihre Häuser zu verlassen. Der Sohn der Frau hörte nicht darauf, er wollte raus, etwas einkaufen, was auch immer, drinnen wäre ihm die Decke auf den Kopf gefallen. Er verließ also das Haus und kehrte nicht mehr zurück. Ein Freund von ihm zeigte mir die Stelle, wo man ihn erschossen hatte.

Beim Besuch eines Krankenhauses in Gaza sah ich sowohl Opfer israelischer Raketenangriffe als auch Verletzte innerpalästinensischer Konflikte. Ich sprach mit Menschen, die jahrelang im Gefängnis saßen oder im Untergrund lebten; mit Schülern, die am Checkpoint schikaniert wurden; mit israelischen Soldaten, die dort eingesetzt waren und mir erzählten, wie viel Angst sie vor Anschlägen an den Kontrollpunkten hätten.

Wenn Sie in solche Gespräche verwickelt werden oder sie bewusst suchen, empfehle ich Ihnen Folgendes: nicht urteilen. Oder anders: einfach nur zuhören. Auch wenn das in den meisten Fällen gar nicht so einfach ist.

Ich sehe noch die israelische Familie vor mir, die sich daran erinnerte, wie sie die Zweite Intifada erlebt hatte. Sie saß im Restaurant, ein Blitz, ein Knall, überall Blut – doch die Familie überlebte. Ich traf auch die Familie des palästinensischen Selbstmordattentäters. Hunderte strömten nach dem Anschlag zu ihr, um zu gratulieren. Denn für diese Menschen war es kein Anschlag, sondern eine militärische Operation. Für sie war der Attentäter kein Terrorist, sondern er wurde mit seiner Tat zum Märtyrer, zu einem gefeierten Helden. Doch irgendwann war die Feier zu Ende. Als die Siegesparolen der Radikalen nicht mehr zu hören waren, kam die Trauer.

Für eine Buchrecherche besuchte ich über mehrere Monate die Familie eines anderen Selbstmordattentäters. Der Vater weinte, wenn er sich an die Kindheit seines Sohnes erinnerte. Mit siebzehn Jahren hatte der sich an einer Jerusalemer Bushaltestelle in die Luft gesprengt und dabei viele Menschen getötet. Die Mutter zeigte in der Hoffnung auf die Tür, er werde eines Tages zurückkommen.

Oder da war der Israeli, der mir von den verwundeten Soldaten seiner Einheit erzählte, wie er sie zwei, drei Mal die Woche in Albträumen schreien hörte – noch dreißig Jahre nach dem Krieg. Und der die Nase rümpfte, als er sich an das verbrannte Fleisch seiner Kameraden erinnerte, der Geruch hatte sich in sein Gedächtnis gebrannt. »Ein Mensch ist ein Mensch«, sagte er, als ob er sich für sein Trauma entschuldigen müsste.

Trauma ist ein wichtiges Wort in Israel und Palästina, ein Wort, über das keiner so richtig sprechen will. Doch traumatisiert sind beide Völker. Für mich schildern diese Geschichten am eindringlichsten, wie der Konflikt den Alltag bestimmt. Doch ich könnte auch einen anderen Weg gehen und über einen Ball sprechen, genauer, den Fußball.

Es ist die beliebteste Sportart auf israelischer wie palästinensischer Seite. Die Nationalmannschaften beider Länder tauchen auf der Weltrangliste der FIFA nicht an prominenten Stellen auf. Der Nahost-Fußball schafft es meist nur mit politischen Themen in unsere Medien. Zum Beispiel, wenn die Ultraorthodoxen in Israel fordern: kein Fußballspiel am Schabbat! Für deutsche Fußballfans wäre das wie keine Bundesliga am Wochenende.

Fehlen die internationalen Erfolgsmeldungen über die eigene Nationalmannschaft, sucht man sich andere Länder als Vorbild. Dabei drücken Palästinenser und Israelis oft denselben Nationalteams die Daumen – allen voran dem brasilianischen. Und in der Zeit vor und nach der Weltmeisterschaft sind die spanischen Spitzenvereine in aller Munde.

Einmal stieg ich in ein Sammeltaxi und nahm neben einem jungen Palästinenser Platz, der vielleicht zwölf oder dreizehn Jahre alt war. Ich grüßte ihn, und er antwortete grinsend mit einer Frage: »Real Madrid oder Barcelona?« Auch Sie müssen da irgendwann eine Entscheidung treffen auf Ihrer Reise.

Der Konflikt begegnet Ihnen fortan überall. Der palästinensische Fußballverband klagt über die Militärkontrollen, die seine Spieler erdulden müssen, wenn sie unterwegs sind. Selbst, wenn sie innerhalb von Palästina zum Spiel wollen. Und wie finden Kicker aus dem Gazastreifen in die Westbank? Entweder nach langem behördlichen Hin und Her oder gar nicht. Auch beim Stadionbau muss mit israelischen Behörden verhandelt werden. Welche Technik darf eingeführt und wie hoch dürfen Flutlichter gebaut werden? Trotz allen Widrigkeiten qualifizierte sich die palästinensische Nationalmannschaft für den Asien-Cup. Da waren die Fans natürlich stolz und vergaßen einen Augenblick all die Widrigkeiten.

Die palästinensischen Fußballerinnen haben es sogar doppelt schwer. Nicht nur die Besatzung, auch die eigene Gesellschaft macht Probleme. Ungern wird es im traditionellen Palästina gesehen, wenn Frauen öffentlich Sport treiben, zumal in der Sportart entsprechenden Bekleidung, vielleicht auch noch ohne Kopftuch.

Bereits in den 1920-Jahren gab es im britischen Mandatsgebiet Palästina Turniere, bei denen britische Soldaten sowie jüdische und arabische Mannschaften gegeneinander spielten. Heute füllen die israelischen Vereine landesweit die Stadien – von Hapoel Ironi im Golan-Städtchen Kiryat Schmona, also im Norden, bis zu Hapoel Beerscheba, benannt nach der Wüstenstadt im Süden.

»Hapoel« heißt übersetzt »der Arbeiter«, und das hat einen Grund: Der riesige Sportverband blickt auf eine Geschichte zurück, die von der Gewerkschaftsbewegung geprägt wurde. Sehr früh organisierten sich die jüdischen Arbeiter in Gewerkschaften, weit vor der eigentlichen Staatsgründung Israels 1948.

Den Arbeitern steht der Verband Maccabi gegenüber – im Fußball wie auch in anderen Sportarten. Auch bei Maccabi ist der Name Programm, leitet er sich doch von den Makkabäern ab. Die jüdischen Aufständischen erhoben sich im zweiten Jahrhundert vor dem Beginn unserer Zeitrechnung gegen die hellenistische Fremdherrschaft der Seleukiden. Maccabi steht daher traditionell eher für eine jüdisch-nationale und religiöse Ausrichtung.

Wer nun auf die erste Liga blickt, der entdeckt viele Hapoel- oder Maccabi-Vereine. Und wer bei welchem Verein mitfiebert, ist daher nicht selten auch eine politische Frage. Eine weitere, die dazugehört, lautet: Wie viele arabische Israelis spielen mit, und wie sehen das die Fans? Bei Bnei Sachnin handelt es sich um eine arabisch-israelische Mannschaft. Ein Novum. Auch jüdische Israelis spielen mit.

Und das Gegenteil davon: Immer wieder in den Schlagzeilen ist der Verein Beitar Jerusalem, nicht selten auch außerhalb des Sportteils. Bei Spielen sind Sprechchöre wie »Tod den Arabern!« oder Anti-Mohammed-Lieder zu hören. Ein befreundeter Israeli stellte fest: »Es werden Sachen gesungen, die man auf der Straße nicht singen dürfte. Und die Kinder singen mit.«

Für viele Beobachter ist Beitar schlicht der »Siedler-Klub«.

Über Siedlungen muss man in diesem Zusammenhang sprechen, sie stellen eines der großen Probleme dar – zumindest, wenn es darum geht, irgendwann einmal den Konflikt zu beenden.

Ich erinnere mich an einen Wüstenausflug im Rahmen einer kleinen Reisegruppe. Mit gemieteten Quads waren wir quer durch die bergige Wüstenlandschaft unterwegs und machten Rast, um die Aussicht zu genießen. »Das ist mein Heimatland!«, rief ein junger US-Amerikaner, der vor mir stand. Seine Arme waren weit ausgestreckt. Er wartete darauf, fotografiert zu werden. Doch offenbar störte die Hobbyfotografen etwas im Hintergrund. Auch wenn es von hier oben nur ein kleiner Punkt war. Es war eine Stadt, das palästinensische Jericho.

Archäologischen Ausgrabungen zufolge handelt es sich hierbei um eines der ersten Siedlungsgebiete der Menschheit. Auch wenn um diesen Titel noch andere Orte streiten, so ist klar, auch schon für andere Völker war das Heimat. Und solche nationalen Kategorien wie Palästinenser oder Israelis gab es da noch lange nicht.

Auf jenem Ausflug befanden wir uns mit den Geländefahrzeugen geografisch in der Westbank. Wer von Jericho nach Jerusalem fährt, der befindet sich laut Karten der Vereinten Nationen im besetzten Palästina. Auch wenn Sie von Jerusalem aus das Tote Meer besuchen wollen, fahren Sie auf dieser Straße, und Wachposten und Wachtürme deuten an, dass da etwas nicht stimmt. Am Wegesrand finden Sie Ausschilderungen zu Orten, in denen Israelis leben und die nach israelischer Auffassung zu Israel gehören: Siedlungen.

Wieso ich das so ausführlich darstelle, hat einen Grund. Immerhin reden wir über 500 000 Israelis, die in einem Gebiet leben, das laut Vereinten Nationen den Palästinensern gehört. Die Siedlungen verstoßen gegen das international gültige Völkerrecht und wachsen dennoch Jahr für Jahr. Vor allem im Speckgürtel von Jerusalem ist das gut zu beobachten.

Wenn Sie durch die Westbank fahren, so werden Sie in vielen Siedlungen Bagger und Lastwagen sehen – egal, ob offiziell ein Baustopp besteht oder nicht. Vor den Siedlungen entdecken Sie ein Dutzend Autos mit grünen Nummernschildern. Damit fahren Palästinenser nach Hause, die als Bauarbeiter bei der Erweiterung der Siedlung geholfen haben. Ein Paradox, das nur zu verstehen ist, wenn man auf die wirtschaftliche Situation des quasi bankrotten Palästinas blickt.

Vielleicht lässt sich das Phänomen der Siedlungen mit einem kleinen Gleichnis illustrieren. Stellen Sie sich vor, Sie haben ein Häuschen mit einem Garten. Nicht den ergiebigsten, aber Ihnen reicht er so, für mehr fehlt Ihnen das Geld. Eines Tages entdecken Sie einen Fremden dort. Er gräbt Ihren Garten um, verwendet moderne Geräte und erzielt rasch Ergebnisse. Sie finden das nicht so toll.

Am nächsten Tag stehen fünf Fremde da, sie haben bereits einen Wohncontainer mitgebracht. Nach einer Woche erhalten Sie ein Schreiben des Staates, dessen Bürger diese Fremden sind. Ihr Land gehört nun denen. Ihr Haus übrigens auch. Als Sie die Fremden wütend zur Rede stellen, was das solle, erklären sie ihnen, dass genau an dieser Stelle Heiliges geschehen sei.

Weil Sie eine andere Religion haben, interessiert Sie das reichlich wenig. Dafür umso mehr, wo Sie nun wohnen sollen. Sie packen Ihre Sachen, laden das Auto voll und entdecken die neue Straße, die zu Ihrem Haus führt, vierspurig, stellenweise beleuchtet. Sie haben kaum Zeit, sich wenigstens über die verbesserte Infrastruktur zu freuen, da stoppt Sie das fremde Militär. Sie haben ja ein grünes Nummernschild! Doch auf dieser frisch asphaltierten Straße, die auch dem fremden Staat gehört, dürfen Sie nur noch mit einem gelben fahren. Gelb bekommen Sie aber nicht. Also fahren Sie wie immer auf einer kleinen, kaputten Straße weiter.

Natürlich ist das zugespitzt. Es gibt auch nicht *den* Siedler. Jeder hat seine eigenen Motive, und nicht immer sind es religiöse. Bei vielen Siedlern handelt es sich um Israelis, die verzweifelt nach günstigem Wohnraum in der Nähe von Ballungsgebieten suchen. Nach Orten, von denen man mit dem Auto in einer halben Stunde am Arbeitsplatz in Tel Aviv oder Jerusalem sein kann.

Ariel in der Westbank ist so ein Ort, sogar mit eigener Universität. Von großen Wohnanlagen bis zum Einfamilienhaus gleichen sich die Grundrisse der Gebäude. Viel Wohnraum, schnell gebaut, für wenig Geld. Mit dem Leihwagen können Sie sich problemlos so eine Siedlung ansehen und in einem Café mit Siedlern ins Gespräch kommen.

Oder Sie nehmen einen der vielen jungen israelischen Anhalter mit, die am Ortsausgang der großen Siedlungen stehen. Auf diese Weise verbrachte ich schon einige Stunden und fuhr sie zu ihrem Wunschort quer durch die Westbank oder nach Israel. Nur so lernte ich außer denen, die aus wirtschaftlichen Gründen in Siedlungen leben, auch andere kennen.

Zum Beispiel Israelis, für die es einzig ein Großisrael gibt – ein Gebiet inklusive Gazastreifen, Westbank, Ostjerusalem und Golan. Die Nationalreligiösen unter ihnen betrachten das alles als ihr Gelobtes Land, das sonst keinem gehört. Das ruft mir ein kleines Missgeschick ins Gedächtnis: »Wo geht's nach Israel?«, fragte ich eine Gruppe von Siedlern mitten in der Westbank. Ich hatte mich verfahren. Verwirrt schaute mich der älteste unter ihnen an. »Nach Israel?« Zu spät begriff ich, dass ich für diese Siedler bereits mitten in Israel war.

Hört sich verwirrend an, ist es auch. Selbst für Israelis.

»Darf ich mit Ihrem Leihwagen auch auf die palästinensische Seite fahren?«, fragte ich eine Mitarbeiterin des größten israelischen Autoverleihers am Tel Aviver Flughafen.

»Nein! Nur in Israel.«

»Wieso?«

»Wegen der Versicherung.«

»Und wenn ich nach Kiryat Arba fahren will?« Diese israelische Siedlung liegt mitten im Süden der Westbank.

»Natürlich. Das geht«, erklärte die Mitarbeiterin.

»Aber wie komme ich denn dorthin? Da muss ich doch durch palästinensisches Gebiet.«

Sie blickte zu ihrer Kollegin, beriet sich und sagte zu mir: »Kein Problem. Kiryat Arba ist israelisch.«

»Aber wie komme ich da nun hin?«, hakte ich nach.

»Ich kenne mich da auch nicht so aus.«

»Ach so.« Mehr fiel mir zu dieser Antwort nicht ein. Sie wandte sich dem Kunden hinter mir zu.

Ich blieb stur. »Haben Sie vielleicht eine Karte für mich? Damit ich auf den Straßen fahre, auf denen ich auch versichert bin.«

Sie schüttelte mit dem Kopf und beriet bereits eifrig den neuen Kunden.

Ich probierte beim nächsten Autoverleiher mein Glück.

Auf dem Weg quer durch die Westbank entdecken Sie Megasiedlungen und Minisiedlungen, die lediglich aus Wohncontainern bestehen. Manche Siedlungen werden von ultraorthodoxen Siedlern bewohnt. Ultraorthodoxe Juden nennen sich Haredim, was »Gottesfürchtige« bedeutet. Einige von ihnen erkennen den Staat Israel nicht an. Nach ihrem Glauben muss zuerst der Messias erscheinen, und dann wird das Königreich Davids neu entstehen.

In vielen Siedlungen leben nationalreligiöse Juden. Diese erkennen den Staat an, denken dabei allerdings an besagtes Großisrael – ganz ohne Palästina. Die Siedlerbewegung fand in nationalreligiösen Ideologien ihren Anfang – nicht in den ultraorthodoxen. Die Radikalen unter ihnen – wir sprechen von einer absoluten Minderheit – gehören der sogenannten Hügeljugend an. Selbst viele Israelis nennen sie Terroristen – auf ihr Konto gehen auch Anschläge gegen Palästinenser.

Ein bewaffneter Traktorfahrer eskortierte mein Auto einmal wie bei einem Gefangenentransport zum Ausgang so einer Siedlung. Ich wollte sie mir aus Recherchegründen ansehen. Von solchen Ortsbesichtigungen auf Reisen rate ich hingegen ab. Die großen Megasiedlungen wie die bereits erwähnte Stadt Ariel bieten genug Einblicke. Und auch ohne eigenes Auto, ganz bequem per Straßenbahn oder mit einer kurzen Taxifahrt, können Sie eine Siedlung besuchen: die riesigen Wohnanlagen in Ostjerusalem. Je nach politischer Lage erwartet Sie dort nicht einmal ein Kontrollpunkt – so wissen selbst viele Israelis nicht, dass sie sich gerade mitten in den Palästinensergebieten befinden.

Wer für oder gegen Siedlungen ist, war in Israel einst gut erkennbar. Als israelische Soldaten den Gazastreifen im Jahr 2005 räumten, kannte Jerusalem nur zwei Farben: Blau oder Orange. An den viel befahrenen Kreuzungen konnte man sich von Aktivisten ein Band in der jeweiligen Farbe schenken lassen.

Orange war die Farbe der israelischen Siedler, Blau die Farbe ihrer israelischen Gegner – Blau hatte zahlenmäßig keine Chance. Ich erfuhr von dieser Farbenlehre erst recht spät und spazierte mit einem grellorangenen Poloshirt durch die Altstadt. Rein modisch war das nur schrecklich, doch politisch gesehen richtig gefährlich. Bis heute flattern die ausgewaschenen orangenen Bänder an manchen Seitenspiegeln der Siedlerautos.

Wer tiefer in die Thematik eindringen will, dem empfehle ich eine geführte Tour, zu den besten gehören die von »Breaking the Silence«. Für die Organisation arbeiten ehemalige Soldaten der israelischen Armee. Und die bringen Sie zu den Krisenherden. Wie zum Beispiel nach Hebron, der einwohnerreichsten Stadt der Westbank, in deren Altstadt einige Hundert Siedler von israelischen Soldaten beschützt werden.

Die Veteranen von »Breaking the Silence« berichten von ihrer Zeit bei der Armee und davon, was die Besatzung aus ihnen gemacht hat. Sie brechen in der Tat ihr Schweigen. Für die Exkämpfer ist das Therapie, für Sie kann das lebendige Landeskunde werden. International wird die Gruppe gelobt, in Israel werden die Ehrenamtlichen nicht selten als Verräter beschimpft.

Die Armee genießt einen guten Ruf, sie ist Arbeitgeber, häufig im Einsatz, und Kritiker gelten als Nestbeschmutzer. Egal, was die Soldaten gesehen und erlebt haben. Junge Israelis bestätigten mir immer wieder: Der Armeedienst ist für den Lebenslauf oftmals entscheidend. Die Arbeitgeber wollen wissen, was man dort geleistet, ob man Verantwortung übernommen und sich auch für andere eingesetzt hat.

Manche finden nach der Armeezeit direkt eine Stelle bei einem Arbeitgeber, der auch Militärexperten sucht. Das Land entwickelt eigene Waffen und Raketenabwehrsysteme. Die israelischen Drohnen sind beispielsweise international begehrt, auch bei der Bundeswehr. Die fortwährenden Konflikte in Israel und Palästina dienen den Rüstungsherstellern fast schon als Werbemaßnahme für ihre Produkte. Israels Militärtechnologie macht aber nicht den Großteil der Exporte aus.

Was den Fußballern nicht gelingt, schaffen die israelischen Forscher umso besser: Sie gehören zu den besten der Welt, und in vielen Fachgebieten finden sich israelische Errungenschaften. Der USB-Stick ist zum Beispiel eine berühmte israelische Erfindung. Und wenn Sie im Land unterwegs sind, sehen Sie die Logos der bekannten Hightechfirmen.

Microsoft betreibt hier eigene Entwicklungszentren, Chiphersteller Intel hat eine wichtige Niederlassung. Hinter so mancher Smartphone-App stecken israelische Programmierer. Rund die Hälfte der Industrieexporte ist Hightech. Mit Blick auf die Export- und Importzahlen ist die Europäische Union der wichtigste Handelspartner für das Land.

Auch für Palästina ist die EU wichtig, allerdings nicht als Handelspartner, sondern als Geldgeber. Ohne internationale Hilfe wäre das Land bankrott. Die Exportzahlen sind nicht der Rede wert. Die Industrieanlagen sind veraltet, und produziert wird von der Landwirtschaft bis zur Pharmazie zwar fleißig, doch vor allem für den eigenen Bedarf.

Auch die Besatzung erschwert Investitionen und macht Palästina alles andere als attraktiv für internationale Firmen. Der wichtigste Import- und Exportpartner ist Israel – aus Mangel an Alternativen. Israel entscheidet, was nach Palästina eingeführt und was ausgeführt werden darf. Und Israel treibt die Zölle und Steuern beim Import und Export ein. Immer wieder wird das Geld zurückgehalten und als politisches Druckmittel nicht an die palästinensische Regierung weitergeleitet.

In Palästina fehlt es schlicht an allem, aber ganz besonders an qualifiziertem Personal. Die meisten jungen Palästinenser, die ich früher an der Universität kennengelernt habe, haben das Land verlassen. Ein ehemaliger Mitbewohner aus Ramallah repariert heute für Nokia in Dubai Mobiltelefone. Ein Freund aus Nablus arbeitete so lange für eine palästinensische

Bank, bis er genug Erfahrung gesammelt hatte, um sich in Kanada zu bewerben. Kurzum, wer qualifiziert ist, der versucht es meist im Ausland.

Für die jungen Bewohner des Gazastreifens gilt das noch mehr, dort ist die wirtschaftliche Situation katastrophal. Hat in der Westbank jeder Fünfte keine Arbeit, ist es dort jeder Zweite. Der Gazastreifen ist oft von der Außenwelt abgeschnitten, es fehlt an allem: gesunder Nahrung, medizinischer Versorgung, Baustoffen und Treibstoffen. Ich sah Tankstellen, bei denen Bewaffnete die Zapfsäulen bewachten.

Wenn ich in der Westbank nach den Gründen für die wirtschaftliche Misere frage, erhalte ich häufig die Standardantwort: »Wegen der Situation!« Und »wegen der Situation« bedeutet »wegen der Besatzung«. So beklagte sich einmal ein Bekannter über den Stromausfall in seinem Dorf. Ein Schneechaos wütete tagelang. Mein Bekannter stand vor seinem Haus und rief vorwurfsvoll: »Israel schickt keinen Strom mehr!« Auf dem Nachbargrundstück entdeckte ich einen kaputten Baum, die Schneemassen hatten ihn zu Fall gebracht, und mit ihm die Stromleitung. Dieses Mal war es also nicht Israel. Die eigene Regierung meines Bekannten war mit dem Unwetter total überfordert. Das Beispiel zeigte mir wieder einmal, dass der Besatzer auch als willkommene Ausrede für das eigene Versagen dient.

Natürlich liegt es nahe, die Schuld für Palästinas Wirtschaftsmisere allein in Israels Besatzung zu suchen – es ist aber nur die halbe Wahrheit. Viele Probleme in Palästina sind hausgemacht. Ein Beispiel: In der traditionellen Gesellschaft entscheiden meistens die Väter darüber, welchen beruflichen Weg die Töchter und Söhne einschlagen. Es geht nicht um Können und Wollen, Talente gehen verloren, bevor man sie überhaupt entdecken konnte.

Zugleich fördert diese Gesellschaftsform die Vetternwirtschaft. Eingestellt werden oft nicht die, die gut qualifiziert sind, sondern jene, die aus dem Familienclan stammen. Clanstrukturen sind weitverbreitet, und bekannte Familien dominieren komplette Wirtschaftszweige. Das frustriert die Palästinenser, die in armen Familien aufwachsen. Für sie bleibt das übrig, was sonst keiner machen möchte, egal, ob sie eine akademische Ausbildung haben oder nicht.

Ein anderer meiner Bekannten aus Palästina arbeitet in einer Schlachterei in Israel. Für diese Arbeit bekommt er eine Genehmigung und darf Palästina tagsüber verlassen. Er macht die knochenharte Arbeit, die kein Israeli machen will, schon gar nicht für das bisschen Geld. Nach einem Tag Tiere ausnehmen und zerlegen bringt er umgerechnet dreißig Euro mit nach Hause.

Doch für ihn ist das immer noch mehr, als andere auf den Baustellen Palästinas verdienen. Bauarbeiter, mit denen ich sprach, bekamen einen Stundenlohn von zwei Euro. Da Lebensmittel, abgesehen von Obst und Gemüse, nicht billiger sind als bei uns, ist der Verdienst auch für palästinensische Verhältnisse viel zu gering zum Überleben.

Über Geld zu sprechen ist daher ein heikles Thema in Palästina. Sie werden die modernsten Smartphones sehen, die schönsten Kleider, die gepflegtesten Erscheinungen, und doch ist das nicht selten Schein. Entweder auf Pump gekauft oder eben das Einzige, was man sich leisten kann. Eine gute Krankenversicherung haben die wenigsten.

Ein ehemaliger Arbeitskollege, ein Palästinenser aus Tulkarem im Norden des Landes, Mitte zwanzig, beruflich erfolgreich, lud mich zum Mittagessen ein. Seine Mutter bewirtete uns, und nach dem Essen gingen wir in sein Kinderzimmer, in dem er noch immer wohnte. Sein Gehalt reichte nicht für ein eigenes Leben. Und regelmäßig zahlen die Arbeitgeber keine Löhne aus – die wirtschaftliche Situation entscheidet.

Kein Wunder, ist der beliebteste Arbeitgeber in Palästina doch der Staat. Die üble Mischung aus Vetternwirtschaft und Korruption macht ihn zu einem zuverlässigen Arbeitgeber, aber leider nicht zu einem effizienten. »Es gibt mehrere Tausend Schattenarbeiter«, berichtete mir ein Zeitungsjournalist. »Sie stehen auf den Gehaltszetteln des Staates, ohne wirklich auf einer Arbeit zu erscheinen.«

Dieser Umstand ist für viele Palästinenser kein Geheimnis. Die Regierung ist denen, die keine Stelle bei ihr haben, verhasst. Im Sammeltaxi wird früher oder später über Politik gesprochen. Und Sie werden herangezogen, um als Ausländer einen Kommentar mit Blick von außen abzugeben. »Wo ist es besser? Hier oder in Deutschland?« Antworten Sie ruhig ehrlich. Und fragen Sie nach. Meine persönliche Statistik besagt: Neun von zehn Palästinensern im Sammeltaxi regen sich über die eigene Regierung maßlos auf und halten sie für korrupt. Und im Sammeltaxi sitzt das Volk.

Bei palästinensischen Staatseinrichtungen fühle ich mich stets an Kafka erinnert – egal, ob ich in Ramallah ein Polizeirevier oder ein Regierungsgebäude besuche: viele Räume, viele Menschen und wenige Zuständigkeiten. Im Falle des Polizeireviers verlief ich mich sogar. Ich fand mich in einer Art Möbellager wieder, durchquerte leere Zimmer, begegnete auf kaputten Betten sitzenden Polizisten, die mich ratlos ansahen, bis ich endlich zu einer massiven Tür gelangte. Dahinter überreichte mir ein Beamter Formulare, die ich für meine Anfrage auszufüllen hatte. Kafka eben.

In den Regierungsgebäuden ist es noch unheimlicher. So haben die Parlamentarier große Büros, viele Mitarbeiter und empfangen noch mehr Besucher, doch das Parlament tagt unregelmäßig. Nachdem die ausländischen Partnerländer demokratische Wahlen eingefordert hatten, gewann die islamistische Hamas 2006 die meisten Stimmen. Das war dann manchen doch zu viel Demokratie.

Die Europäische Union und die USA stoppten ihre Hilfszahlungen an Palästina. Nichts ging mehr. Die Hamas-Regierung scheiterte, eine Einheitsregierung ebenso, und über den Volkswillen hinweg regierte nun wieder die Fatah-Partei wie eh und je, zumindest im Westjordanland. Sowohl die einst von Yassir Arafat und Mitstreitern gegründete Fatah wie auch Israel verhafteten in jener turbulenten Zeit Mitglieder der Hamas. Im Gazastreifen jedoch setzte sich nach einem Bürgerkrieg die Hamas durch. Die Folge: Erstmals wurden Gazastreifen und Westjordanland von unterschiedlichen palästinensischen Regierungen geführt.

Wer Palästina als arabische Demokratie feiert, gerät also in Erklärungsnot. Die Palästinenser haben manchmal freie Wahlen, o ja, die freie Wahl, die Fatah zu wählen. Palästina ist Fatah, so einfach ist das. Oder noch einfacher: Palästina war Arafat. Arafat starb. Sein Ehrengrab können Sie in Ramallah beim Präsidentensitz besuchen, es wird stets von Uniformierten bewacht. Nach Arafat wurde Palästina Abbas, Mahmoud Abbas. Natürlich von der Fatah. Der Präsident vertritt das Land nach außen und innen wie kein anderer – alle Minister und Ministerpräsidenten agieren als Marionetten im Hintergrund. Bei der Hamas im Gazastreifen hält sich der Personenkult dagegen in Grenzen. Sowieso regiert dort kein erfahrener Staatsmann, sondern das Chaos – was auch eine neue Einheitsregierung kaum verhindern kann. Denn die Hamas ist sich uneinig. Auf der einen Seite all die, die mit Israel verhandeln wollen, auf der anderen Seite der militante Flügel, der das auf keinen Fall will.

Auf meiner Reise durch den Gazastreifen merkte ich, welche Rolle die Hamas spielt. Sie ist überall präsent. Wer gegen sie ist, der ist gegen Palästina. Allzu kritische Geister werden weggesperrt, Beobachter, die zu genau beobachten, schikaniert. Eine der unangenehmen Fragen an die Hamas-Regierung lautet: Wohin floss das Geld, das für den Wiederaufbau des Gazastreifens nach dem Krieg gegen Israel im Sommer 2014 gedacht war? Von den Vereinten Nationen bis zu zahlreichen Einzelstaaten hatten viele verlässliche Partner Unterstützung zugesichert.

Doch mit den ausländischen Hilfen ist es so eine Sache. Wenn Sie am Abend in Ramallah unterwegs sind und in einem hübschen Café sechs Euro für ein Glas Weißwein bezahlen, blicken Sie sich kurz um. Sie sehen Ausländer, die sich das leisten können, und Palästinenser, die für diese Ausländer arbeiten, wenn sie nicht einen guten Posten beim Staat haben. Als Arbeitgeber noch beliebter als der Staat sind ausländische Nichtregierungsorganisationen. Und das sage ich Ihnen selbstkritisch als jemand, der selbst einmal für eine arbeitete. Das NGO-Phänomen lässt sich in einer kleinen Episode darstellen. Sie beruht auf wahren Begebenheiten, und die Zitate stammen von einem ehemaligen NGO-Mitarbeiter:

Eine NGO aus einem europäischen Land möchte ein palästinensisches Dorf unterstützen. Sie schicken einen Entwicklungshelfer hin, der herausfinden soll, was das Dorf an Hilfe benötigt. Der Dorfrat freut sich mächtig über den Besuch. Doch er weiß auch, welche Wünsche im Ausland nicht gut ankommen. Eigentlich will der Dorfrat am liebsten die israelische Siedlung gegenüber abreißen. Und sie brauchen dringend neue Maschinen für die veraltete Fabrik. Doch das geht alles nicht.

Der Dorfrat weiß von anderen Dörfern, was gerade das angesagteste NGO-Thema ist: Jugendklubs aufbauen! Dafür gibt es immer Geld. Also schreibt der Dorfrat einen Antrag und überreicht ihn dem überglücklichen Entwicklungshelfer. »Wow, Jugendklubs!«, ruft der. »Das ist ja fantastisch. Genau das, was wir auch wollten.« In den folgenden zwei Jahren wird in dem Dorf ein Jugendzentrum aufgebaut inklusive Computerraum, Billardtisch und Bibliothek.

Zugleich bildet die ausländische NGO junge Leute zu Betreuern aus. Das wollte im Dorf zwar keiner werden, doch es gibt Geld für die Trainingsteilnahme, kostenloses Essen, und man kommt in den Seminaren ein wenig in Palästina herum. Obendrein erhält jeder ein hübsches Zertifikat, man weiß ja nie, wofür das mal gut sein kann.

Nach der feierlichen Eröffnung ist alles vollbracht. Und was geschieht dann? Nichts. Keiner geht in den Klub. Die Jugendlichen spielen wie eh und je viel lieber im Freien. Sie besuchen sich gegenseitig weiterhin zu Hause. Und die Eltern der älteren Mädchen im Dorf freuen sich, wenn ihre Töchter daheim sind und nicht in einem geschlechtergemischten, dunklen Klubraum sitzen. Der Dorfrat ist trotzdem zufrieden und bedankt sich während der Evaluation und dem Feedbackgespräch mit warmherzigen Worten bei der NGO. Die Computer werden danach im Dorf verteilt, die Bücher ebenso. Der neue Raum dient nun als Versammlungsraum. Hätte man von Anfang an die Wahrheit gesagt, wäre das Dorf leer ausgegangen. So hat es zumindest dieses kleine Gebäude hinzugewonnen. Und das ist doch besser als nichts.

Längst spricht man vom »Peace Business«, dem Geschäft mit dem Frieden, gemeint ist das Geschäft mit dem Konflikt. Nach einem Friedensschluss zwischen Israelis und Palästinensern wären auf einen Schlag viele arbeitslos. Ein Palästinenser, der jahrelang im NGO-Geschäft aktiv war, klagte mir sein Leid. »Wer Geld machen will, der muss für eine NGO arbeiten oder seine eigene NGO gründen.«

Auch das ist möglich, und wer ist der Arbeitgeber für eine palästinensische NGO? Eine ausländische natürlich! Keine Frage, manche NGOs leisten in Palästina viel, doch es hat einen bitteren Beigeschmack. »Wir haben die Bereitschaft verloren, ehrenamtlich zu arbeiten«, findet der einstige NGO-Mann. »Früher räumten wir den Müll auf der Straße weg. Heute schreiben wir einen Antrag und warten, bis uns eine NGO dafür bezahlt.«

In Israel spielen die NGOs hingegen als Arbeitgeber kaum eine Rolle, die Allmacht eines Politikers ohne starkes Parlament auch nicht – doch von einer lupenreinen Demokratie kann dennoch nicht die Rede sein. Das Land schlittert von Neuwahlen zu Neuwahlen. Innerhalb von 69 Jahren – also von der Staatsgründung bis 2017 – gab es 34 Regierungen in Israel. Das Land ist vielfach gespalten, was sich in den Wahlergebnissen niederschlägt: Religiöse gegen Säkulare, Siedler gegen Siedlungsgegner, Liberale gegen Konservative, Neoliberale gegen Sozialdemokraten, Friedenswillige gegen Friedensgegner.

Nicht selten fanden sich die Regierenden nach oder während ihrer Amtszeit auf der Anklagebank wieder. Beliebtes Thema: Amtsmissbrauch, genauer gesagt, Korruption. Und so manche Ministerposten werden selbst von vielen Israelis belächelt: Ein prominentes Mitglied der Siedlerpartei wurde Justizministerin. Eine andere Frau, die früher für Zensur der Medien zuständig war, bekam das Kulturressort zugesprochen.

Das Drehbuch liest sich immer gleich. Vor den Wahlen spielen rechte und konservative Parteien mit der Angst, mit der Bedrohung von außen, die es natürlich gibt, doch eben nie als einziges Problem. Viele Wähler sehnen sich nach Sicherheit, und andere wichtige Themen geraten kurz vor den Wahlen in Vergessenheit.

Dazu zählen das Abrutschen der Mittelschicht und die Armut all derer, die ihr noch nie angehört haben. Jeder fünfte Israeli lebt in armen Verhältnissen – im Vergleich zu anderen Industrieländern ist das sehr viel. Vor allem äthiopisch-jüdische Einwanderer schaffen den Aufstieg selten.

Wenn Sie in einem Restaurant oder einem Café die Möglichkeit haben, in die Küche zu schauen, sehen Sie stets das gleiche Bild: Die Person am Spülautomaten ist schwarz. Israel hat einen enormen Integrationsbedarf, damit die vor allem aus Äthiopien stammenden Juden auch außerhalb der Armee Karriere machen können. Auch der Umgang mit Flüchtlingen ist fragwürdig. Die Regierung brachte viele in einem Lager in der Negevwüste unter.

Dagegen formiert sich jedoch kein Massenprotest in der Bevölkerung. Ein anderes Thema brachte hingegen schon mehrere Hunderttausend Menschen auf die Straße: die steigenden Kosten des Alltags. Auf Platz eins der Protestliste stehen die rasant gestiegenen Mietpreise. Ein Tel Aviver klagte mir gegenüber: »Ich zahle für zwei kleine Zimmer in einem Haus voller Bauschäden in einem der unbeliebtesten Viertel der Stadt 1000 Euro im Monat.«

Auf Platz zwei die Lebensmittelpreise. Sie werden bei einem Supermarktbesuch staunen, wie teuer zum Beispiel Milchprodukte sind. Diese Missstände trieben in den letzten Jahren mehr Menschen zu Demonstrationen auf die Straße als jede Friedenskundgebung. Proteste sind in Israel erlaubt, regierungskritische Organisationen dürfen aktiv sein, die Medien können politisches Versagen anprangern.

In Palästina ist das anders. Die großen Printmedien sind in Fatah-Hand (Westjordanland) oder Hamas-Hand (Gazastreifen). Und wer Unliebsames schreibt, bekommt Probleme. Ein Grund, wieso die Zeitungen nicht von Anzeigen und dem Verkaufspreis leben können. Denn kaum jemand interessiert sich für die öffentlichen Verlautbarungen. Beteiligen Sie sich an meiner Feldforschung und suchen Sie in Palästina nach Zeitungslesern. Finden Sie einen?

Umso gefragter sind die Medien, die schwer zu zensieren sind. Wer eine Meinung hat, der tut sie in den sozialen Medien kund. Wer sich informieren will, der schaut dort nach. Auch den staatstreuen Fernseh- und Radiosendern traut man nicht. Die Landesgeschichte hingegen wird über die staatliche Schule vermittelt, die aber auf beiden Seiten oft nur ein klares Gut-Böse-Schema kennt.

Halbwegs Einigkeit herrscht unter Israelis und Palästinensern immerhin über die Zeit vor Israels Staatsgründung 1948. Der Nahost-Konflikt währt seit dem Zusammenbruch des Osmanischen Reiches. Palästina war seit dem 16. Jahrhundert ein Verwaltungsbezirk der Osmanen gewesen. Nach dem Ersten Weltkrieg teilten sich die Siegermächte den Kuchen auf. Die Franzosen beanspruchten den Libanon und Syrien für sich. Mesopotamien – der heutige Irak – sowie Palästina fielen den Briten zu.

Immer wieder gab es im britischen Mandatsgebiet Palästina Aufstände gegen die als Besatzung empfundene fremde Macht. Da konnten die massiven Investitionen in die Infrastruktur nichts ändern. Juden, Christen und Muslime in Palästina rebellierten gegen die Briten. Und auch untereinander wuchsen die Spannungen.

Hinzu kam, dass immer mehr Juden nach Palästina einreisten – aus Sicht der Briten illegal. Vielen blieb jedoch keine Wahl. Sie waren auf der Flucht vor den Nazis, und viele Länder gewährten alles andere als bereitwillig Asyl. Die Briten verloren die Kontrolle, 1947 sollten es die Vereinten Nationen richten. Die entschieden: Palästina sollte zweigeteilt werden, in einen jüdischen und einen arabischen Staat.

Die Grenzziehung sah auf dem Papier ambitioniert aus. Der arabische Staat umschloss die Stadt Jerusalem, die wiederum international verwaltet werden sollte. Die Mittelmeerküste wurde auf der Karte aufgeteilt. Im Norden und Süden arabische Bewohner, dazwischen jüdische. Zugleich überließen die Vereinten Nationen Palästina sich selbst, keine starke Armee und kein Heer an Helfern blieb vor Ort, um die nahezu unmögliche Staatenaufteilung zu überwachen, zu koordinieren, ja zu realisieren.

Die jüdischen Einwohner akzeptierten den Teilungsbeschluss und gründeten 1948 den Staat Israel. Die arabische Bevölkerung Palästinas war strikt gegen eine Zweistaatenlösung. Sie verfügte zwar nicht über eine starke Armee, wusste aber die Arabische Liga auf ihrer Seite. Doch die Mitgliedsstaaten waren untereinander zerstritten und hatten eigene Interessen, das zeigte nicht zuletzt die neue Landkarte nach dem Sieg der Israelis 1949 im ein Jahr zuvor von seinen arabischen Nachbarn und dem Irak begonnenen Krieg: Der Gazastreifen stand fortan unter ägyptischer Verwaltung, Jordanien annektierte die Westbank.

Im Krieg 1967 eroberten israelische Truppen diese Gebiete. Und in der Westbank gelten die Israelis für die Palästinenser bis heute als Besatzer. Ist in unseren und den israelischen Geschichtsbüchern vom Sechs-Tage-Krieg die Rede, so heißt er im Arabischen auch Junikatastrophe.

Auch der Krieg von 1973 hat mindestens zwei Namen. Israelis nennen ihn Jom-Kippur-Krieg, da er am höchsten jüdischen Feiertag Jom Kippur ausbrach, dem zum Abschluss einer zehntägigen Bußzeit gefeierten Versöhnungstag. Soldaten aus Syrien und Ägypten marschierten ein, um die 1967 von Israel ebenfalls eroberten Golanhöhen und den Sinai zurückzuholen. Für die Araber war es der Ramadankrieg. Schließlich war zugleich ihr Fastenmonat.

Alle Eskalationen in Nahost füllen zu Recht ganze Bibliotheken: Dem Zweifrontenkrieg an Jom Kippur beziehungsweise im Ramadan folgte 1982 der Libanonkrieg. 1987 starteten Palästinenser ihren ersten Aufstand gegen die israelische Besatzung. Der Ersten Intifada folgte 2000 die Zweite. Dazwischen lagen die hoffnungsvollen Neunzigerjahre, in denen die israelischen Politiker Jitzchak Rabin, Schimon Peres sowie auf der anderen Konfliktseite Yassir Arafat den Friedensnobelpreis erhielten. Ungeachtet dessen, wird die Nahost-Bibliothek jedes Jahr um tragische Schilderungen reicher.

Ermüdet von all den Daten, diesem Hin und Her in der Nahost-Geschichte, ruhen wir uns erst einmal aus. Wo und wie das am besten geht, stelle ich Ihnen gleich vor. Vielleicht auch mit einem Schmöker zum Thema in der Hand. Amos Oz und David Grossman gehören auf israelischer Seite zu lesenswerten Chronisten. Ihre Romane liegen übersetzt vor. Bei den palästinensischen Autoren lohnt sich ein Blick in die auf Deutsch erschienenen Bücher von Sahar Khalifa oder Susan Abulhawa. Wenn sie auch keine gute Einschlaflektüre bieten, so empfiehlt sich doch ein ruhiges Hotelzimmer zum Lesen.

# Wie man sich bettet (und mit wem), und was man davor machen kann

Damit Sie mich auf den folgenden Seiten besser verstehen, möchte ich mit einer Episode aus meiner Kindheit beginnen. Wir verreisten regelmäßig ans Mittelmeer, allerdings nicht nach Israel, sondern nach Spanien, Italien, Frankreich. Am ersehnten Urlaubsort angekommen, fuhren wir mit dem Auto die Promenade auf und ab, stundenlang. Mein Vater suchte das perfekte Hotelzimmer. Und das bedeutete: erstens mit Meeresblick, zweitens mit Balkon, drittens für nicht so viel Geld. Kaum standen in den Abendstunden die Koffer im Raum, der endlich seinen Ansprüchen genügte, scheuchte uns mein Vater wieder raus in die Stadt, an den Strand, in Cafés und Restaurants. Beschwerten wir uns, erklärte er empört: »Wir machen ja keine Reise, um im Hotelzimmer zu sitzen!«

In der Tat erinnere ich mich an keine Situation, in der wir auf dem Balkon saßen oder aus dem Panoramafenster ins Blaue schauten. Das hat mich geprägt. So suche ich in Israel auch heute noch ein Zimmer nach folgenden Kriterien aus –

egal, ob in den Golanhöhen im Norden, in Tel Aviv in der Mitte oder in der Wüste im Süden: Es muss zentral liegen. Keine langen Taxi- und Busfahrten sollten vonnöten sein, um etwas zu sehen und erleben zu können. Und: Der Blick aus dem Fenster ist mir egal.

Zentraler, gemütlicher und geselliger als die großen Hotelburgen sind die kleineren Boutique-Hotels. Ständig eröffnen in Israel neue, und wenn Sie online nach dieser Kategorie suchen, finden Sie schnell ein schönes Hotelzimmer, das sich auf jeden Fall vorab zu buchen lohnt. Allein des Preises wegen.

Im Vergleich zu den genormten und standardisierten Zimmern der großen Ketten sind die Räume der kleineren Hotels meist etwas kitschiger oder, sagen wir, eigenwilliger. In meinem Zimmer am See Genezareth empfing mich ein einsamer Fisch, der lebhaft in seinem Aquarium schwamm. Die Pumpe war offenbar defekt, und ein technisches Surren verhinderte meine Einschlafversuche. Ich brachte das Ding mit viel Glück wieder zum Laufen, sorgte somit bei mir für einen guten Schlaf und rettete wohl dem Fisch das Leben. Im Schrank neben dem Doppelbett hing ein Prinzessinnenkostüm für Erwachsene, und die Nachttischlampe wechselte blinkend die Farben.

Die Einrichtung in den Boutique-Hotels ist oft eine Mischung aus israelischer Kunst, in China produzierten Barockspiegeln sowie echten Trödelmarkt-Schnäppchen. An der Rezeption erwartet Sie ein gut gelaunter Student, der mit drei Jobs sein Studium finanziert. Oder ein schlecht gelaunter Absolvent, der keine Stelle gefunden hat. Mürrische oder ahnungslose Angestellte im Servicebereich gehören leider dazu, doch sehen wir es positiv: Es ist authentischer. Typisch israelisch bedeutet eben auch, immer eine

Spur ehrlicher, schneller und direkter zu sein. Wieso soll man für einen Minilohn lächeln und so tun, als ob die Welt gerecht wäre?

Ein weiterer Grund, der für die kleinen Hotels spricht: der Frühstücksraum. In einem Boutique-Hotel im Zentrum Tel Avivs – dem »Townhouse Hotel« – sitzen alle Gäste gemeinsam an einem großen Tisch. Hier kommen Sie bei einem Latte Macchiato ins Gespräch. Vor allem an den Wochenenden, also in Israel am Freitag und Samstag, lernen Sie in solchen Hotels schnell Einheimische auf Städtereise kennen.

Die kommunikativste Art des Reisens ist in Israel wie fast überall: als Backpacker. Das Land ist ein wahres Paradies für Rucksackabenteurer. Ein Dutzend zentrale, wirklich praktische Unterkünfte finden Sie allein in Tel Aviv – von der Waschmaschine bis zur Leihbibliothek steht an solchen Orten alles zur Verfügung. Was das Angebot betrifft, liegt Eilat am Roten Meer auf Platz zwei. Und Jerusalem auf drei. Wer dort ins »Abraham Hostel« geht, findet ein abendliches Programm in der Chill-out-Etage. Hauseigene Tagestouren ins Landesinnere gehören bei vielen solcher Unterkünften für Rucksackreisende zum Standard.

Wer lieber Unterkünfte mit Sternen sucht, sollte etwas großzügiger kalkulieren und folgende Regel beachten: Wer drei Sterne will, der sollte vier Sterne buchen, um auf der sicheren Seite zu sein. Auch bei vier Sternen, also eigentlich drei, sind manchmal die billigen miteinander verbundenen Doppelfenster eingebaut. Wer links das Fenster zuzieht, der öffnet es leider rechts und andersherum. Alle Zimmer haben eine Klimaanlage. Manchmal geht sie nicht aus oder pustet direkt auf das Bett. Bei einem meiner Versuche, sie auszuschalten, flog die Sicherung raus und alle Lichter erloschen, doch die Maschine brummte unverdrossen weiter.

Auch bei vier Sternen müssen Sie oft bei zwei Dingen einige Abstriche machen: Sauberkeit und Service. Doch gerade bei Sauberkeit bin ich zu streng mit Unterkünften. Wieso muss ich auch immer unter das Hotelbett schauen? Warum inspiziere ich das Badezimmer? Kurzum, in Israel zu reisen ist auch Konfrontationstherapie für Sauberkeitsfanatiker. Nicht selten suche ich so lange im Zimmer, bis ich die Mitbewohnerin entdecke, auf die ich gut verzichten könnte: eine Kakerlake.

Einfangen ist zwecklos, denn wo eins dieser Tierchen ist, da sind noch andere. Sehr viele andere. Wenn Sie das, so wie ich, nicht wahrhaben wollen, empfehle ich Ihnen den Einwegzahnputzbecher in Kombination mit einer Postkarte als Lasso-Ersatz. Wirksamer aber ein weiterer Tipp – und ich schaffe das von Reise zu Reise besser: Schauen Sie einfach nicht nach. Denn alles muss genau so sein. Sonst könnte man ja auch zu Hause bleiben. Das alles ist Teil des großen Erlebnisses, der Reise durch den Orient. Und sowieso gilt: »Wir machen ja keine Reise, um im Hotelzimmer zu sitzen!«

Schöner als online zu buchen ist es, mit dem Leihwagen drauofloszufahren. Sie werden fast immer ein Bett für die Nacht finden – an Feiertagen und den Wochenenden kann es allerdings ein bisschen dauern. An den Hauptstraßen treffen Sie zuweilen auf die Ausschilderung von Übernachtungsmöglichkeiten, die keine Suchmaschine kennt. So bietet auch der ein oder andere Kibbuz Gästezimmer an.

Da wir gerade dabei sind: Wer im Kibbuz einmal mitanpacken will, der ist willkommen. Jedoch sollte man sich einige Monate vorab beim »Kibbuz Program Center« anmelden. Die Warteliste ist lang. Früher galt der Kibbuz für manche als Zukunftsmodell einer besseren, weil sozialistischen Gesellschaft, ja einer besseren Welt überhaupt. Der Traum – alle leben gemeinsam, von der Gemeinschaftsküche bis zum Einheitslohn – ist mittlerweile ausgeträumt. Der Individualismus siegte über den Kollektivismus. Interessante Menschen lernen Sie dort trotzdem kennen. Heute sind Kibbuzniks, wie die Bewohner genannt werden, eher Exoten in der israelischen Gesellschaft.

Doch der Kibbuz ist immer noch bei jungen Menschen beliebt, die ihre Armeezeit verarbeiten, oder bei jungen Ausländern, die der Kibbuz-Legende nachfühlen wollen – daher die Warteliste. Oder auch bei Israelis wie Pita und Gal, die durch ihren Freiwilligendienst im Kibbuz ihre Armeezeit verkürzen. Ich treffe die zwei jungen Männer bei der Gartenarbeit in Sede Boker.

So heißt der berühmteste Kibbuz Israels im Süden des Landes. So berühmt, nicht weil er schon Anfang der 1950er-Jahre gegründet wurde und auf eine lange Tradition zurückblickt, sondern weil er einen berühmten Bewohner hatte. Ben Gurion verbrachte hier seinen Lebensabend. Ein Traum des ersten Premierministers Israels war schließlich, die Wüste fruchtbar zu machen.

Pita und Gal treten für einige Monate in seine Fußstapfen, der eine kümmert sich um die Elektrik, der andere hilft in der Gemeinschaftsküche. Ihr Leben im Kibbuz folgt klaren Regeln. Gegessen wird zusammen im großen Speisesaal. Die Aufgaben sind aufgeteilt, und reich wird niemand mit der Arbeit. Genau darum soll es im Kibbuz ja nicht gehen. Das Kollektiv verfolgt ein Ziel, und das Individuum darf sich daran nicht bereichern.

Genug vom Kibbuz? Wenn Sie in den Norden Israels reisen, an den See Genezareth oder in die Golanhöhen, dann vergessen Sie meinen Vorschlag, einfach »draufloszufahren«. Eine frühe Buchung empfiehlt sich ebenso für den südlichen

Landeszipfel, also den israelischen »Ballermann« am Roten Meer: Eilat. Das alles sind auch beliebte Reiseziele bei Einheimischen.

Überall sonst können Sie sich vor Ort ein Zimmer suchen, egal, ob in Nazareth, Akko, Haifa im Norden oder in Wüstenstädten wie Mitzpe Ramon im Süden und all den hübschen Orten dazwischen.

Fast immer ein freies Plätzchen bieten die Pilgerhotels, die auch für nicht pilgernde Reisende offen stehen. An christlichen Feiertagen wird es dort natürlich eng. Die meisten dieser Häuser befinden sich in Jerusalem und Bethlehem. Oft sind die Zimmer sehr schlicht, doch schließlich sind es Orte, an denen in erster Linie viel gebetet, gesungen und meditiert wird. Wenn Sie das schön finden, so ist es der richtige Platz, um auch einmal abzuschalten und zu entspannen.

Bis heute weiß ich nicht, ob die nächtlichen Mönchsgesänge im franziskanischen Pilgerhotel in Bethlehem einem Traum entsprungen oder real waren. Auch Papst Franziskus ruhte während seiner Nahost-Reise 2014 in dem Haus. Ein paar Stunden verbrachte er auf Zimmer 201. »Da wollen nun alle rein«, sagt eine Hotelmitarbeiterin. »Doch nur Geistliche dürfen das.« Allein die Lage ist konkurrenzlos für die Christen, die ins Heilige Land reisen: Die Mauern des Pilgerhotels grenzen an die ineinander verschachtelten Kirchen der Geburtsgrotte Jesu.

Etwas sollten Sie bedenken bei diesen Unterkünften. Hier nächtigen viele Reisegruppen – nicht selten aus Deutschland. In Kontakt mit Einheimischen kommen Sie weder im Speisesaal noch in der Lobby – von den Hotelmitarbeitern einmal abgesehen. Die Küche ist weniger orientalisch, sondern dem Träger des Hauses angepasst. Im Österreichischen Hospiz kann Wiener Schnitzel bestellt werden, im Paulushaus – getragen vom deutschen Heilig-Land-Verein – wird auch mal Schweinebraten serviert.

Abgesehen von Bethlehem und Ostjerusalem, ging es in diesem Kapitel bisher ausschließlich um israelische Unterkünfte. Das hat seinen Grund, denn wenige Touristen suchen in Palästina ein Bett. Schade eigentlich. Viele bereisen die Westbank von Jerusalem aus. Schlafen Sie doch ein, zwei Nächte in Ramallah! Die Stadt liegt zentral, bietet sich für weiterführende Tagesreisen in die Westbank an und ist eine gute Wahl für die Übernachtung.

Abends ist viel mehr los als in Bethlehem, und wem die dortige Pilgeratmosphäre nicht so behagt, der ist in Ramallah sowieso besser aufgehoben. Würde eine Beschreibung der besten Tel Aviver Übernachtungsmöglichkeiten ein komplettes Buch erfordern, so reicht für Ramallah folgender Satz: Ein zentrales Stadthotel mit hübschem Café ist das »Royal Court«, über alle Krisen zuverlässig luxuriös ist das »Millennium Hotel« (von der Mövenpick-Gruppe erbaut), Backpacker nächtigen preisgünstig im »Area D«.

Im Gegensatz zu israelischen Anbietern ist das palästinensische Personal oft freundlicher. Freundlicher heißt jedoch nicht professioneller oder geschulter. Schuld sind die besagten Strukturen der traditionellen Gesellschaft. Viele Stellen werden nicht nach Können, sondern nach Vitamin B vergeben. Was die jungen Leute eigentlich mal werden wollten, spielt dabei keine Rolle.

Im den Hotels von Ramallah schlafen Geschäftsleute aus aller Welt, Politiker auf Friedensmission in Nahost, Angehörige der Helferszene – von den Vereinten Nationen bis zum Internationalen Roten Kreuz – und natürlich Journalisten, die immer etwas zu tun haben in diesem Land. Bei diesen Berufsgruppen gibt es offenbar noch einen recht hohen Raucheranteil. Und das harmoniert wunderbar mit den arabischen Rauchgewohnheiten: viel und überall. Doch egal, wie verraucht die Hotelbar ist, einen Drink zu nehmen kann spannender werden als jeder Krimi. Die Welt ist zu Besuch, und jeder mit einem anderen geheimen Auftrag. Na ja, mehr oder weniger.

Sicher ist: Wäre auf einmal Frieden, stünden die Hotelbetten in Ramallah leer. An den meisten anderen Orten gilt das nicht. Vom Frieden profitieren würde das fast 150 000 Einwohner zählende Nablus im Norden mit seiner beeindruckenden Altstadt, einem lebendigen Basar – hier finden sich, wenn überhaupt, wenige Tagestouristen ein. Oder das noch größere Hebron, das mit dem Abrahamgrab auch Besuchsort für Juden und Muslime ist. Sie finden dort sowohl eine Moschee als auch eine Synagoge.

Wie an anderer Stelle gesagt, bewachen in der Altstadt von Hebron israelische Soldaten einige Hundert radikale Siedler, die auch die Häuser der Palästinenser besetzen. Die Siedler instrumentalisieren archäologische Funde und leiten davon ihre Gebietsansprüche ab. Damit werden Fakten geschaffen. Und nicht nur hier eskaliert die Situation nahezu täglich. Wer will da Urlaub machen? Doch selbst an Orten in Israel und Palästina, in denen Gewalt nicht alltäglich ist, eint die Hoteliers dieselbe Angst: vor dem nächsten Krieg und leeren Betten.

Als zwischen dem Gazastreifen und Israel im Juli und August 2014 Krieg herrschte, standen viele Hotelzimmer in Tel Aviv leer. Die Stadt war das Hauptziel der Hamas-Angriffe. Als ich mit einer Hotelmitarbeiterin über diese Zeit sprach, schaute sie mich über den Monitor voller Buchungsdaten und ihre Brille hinweg an.

»Ein paar Journalisten kamen, mehr nicht. Viele wollten raus.«

»Und nach dem Krieg?«

»Keiner bucht heute noch zwei Monate im Voraus. Ein paar Tage vor Ankunft vielleicht. Die Leute warten erst ab, wie die Situation ist, wie es sich entwickelt.«

Grundsätzlich leiden die Hotels, die auf Ausländer angewiesen sind, am meisten. In den Nachrichten gilt die Formel: Krieg im Gazastreifen und in Tel Aviv heißt Krieg in Nahost! Und wer will schon in einen Krieg reisen. Die Israelis hingegen wissen sehr gut, wo gekämpft wird, wo es sicher ist und wo nicht. So ist Tiberias ein beliebtes Ziel für einheimische Wochenendausflügler. Vom Kanu oder dem Quad bis zum Pferd kann man sich in dieser Ferienregion so ziemlich alles ausleihen. Eineinhalb Autostunden von Raketeneinschlägen entfernt ist für Israelis sehr weit weg.

Die palästinensischen Hoteliers können dagegen nicht auf Einheimische zählen. Urlaub im eigenen Land macht keiner. Somit müssen die Hotelbetreiber immer wieder den Touristen aus dem Ausland erklären: Die Westbank ist nicht der Gazastreifen. Wenn dort Krieg herrscht, so nicht zwangsläufig auch bei uns. Die vereinfachende Nahost-Nachrichtenformel schadet auch ihnen.

In Palästina betrifft es vor allem die Pilgerorte – in Kriegszeiten kommen kaum Reisegruppen an, dabei machen sie dort üblicherweise den Großteil der Besucher aus. Die klassischen Ramallah-Reisenden – besagte Journalisten, Helferszene und Politiker – zieht die Regierungsstadt wie eh und je an, sie haben in Krisenzeiten sogar besonders viel zu tun.

Manche palästinensischen Luxushotels sind heute Geisterschlösser. Sie warten schon zu lange auf zahlungskräftige Reisende – dazu zählen weder die Pilger noch die Journalisten noch die Helferszene. Die Luxustempel entstanden in den 1990ern, Jahre des Aufschwungs, in denen viele an Frieden in Nahost glaubten. Eine dieser Anlagen steht in Bethlehem, das »Jacir Palace Hotel«. 2000 waren die umfangreichen Baumaßnahmen abgeschlossen – ausgerechnet in dem Jahr, in dem die Zweite Intifada ausbrach.

Heute ist das Hotel ein einsamer Palast, quasi ein Museum ohne Besucher. Manchmal verschlägt es wohlhabende Palästinenser für ein Wochenende hierher. Die Lage ist prekär, das Luxushotel steht direkt neben einem palästinensischen Flüchtlingslager – hier wohnen zehnköpfige Familien in zwei Räumen. Es handelt sich um Palästinenser, die im Krieg 1948/49 ihr Zuhause verlassen mussten. Das Hotelpersonal im Palast hat viel Zeit, Ihnen davon zu erzählen, manche leben sogar selbst im Flüchtlingslager nebenan.

Als Familie mit drei kleinen Kindern übernachteten wir auf unseren Reisen am liebsten auf israelischer Seite. Kinderfreundlich sind die Palästinenser auch, doch das ist nicht der Grund. Nur in Israel gibt es Jugendherbergen, und die sind wirklich empfehlenswert. Wer bei diesem Wort an miefige Schlafsäle fernab der Ortsmitte denkt, der irrt.

Die israelischen Jugendherbergen ähneln Hotelanlagen und liegen an einzigartigen Plätzen. Am See Genezareth blickten wir vom Doppelbett aus direkt aufs Wasser und genossen die Zeit am hauseigenen Strand. In Mitzpe Ramon schliefen wir keine 100 Meter vom größten Erosionskrater der Welt entfernt – er ist 500 Meter tief, vierzig Kilometer lang und bis zu zehn Kilometer breit. Am Toten Meer feierten wir mit einer jüdischen Reisegruppe bei einem koscheren Menü den Schabbat. Danach saßen wir auf der Terrasse unseres Zimmers mit Blick auf den salzigen See. An dessen Südwestende badeten wir in Massada im Pool der Jugendherberge, keine zwei Gehminuten von der Seilbahn entfernt, die einen auf das Plateau fährt, auf dem die Ruinen der berühmten Rebellenfestung aus dem Jüdischen Krieg gegen die Römer liegen.

Natürlich ist die Zimmereinrichtung in diesen Jugendherbergen funktionaler als in den Hotels. Mit Kindern fanden wir das praktisch, weil wir nicht auf alles aufpassen mussten. Auch allein übernachte ich dort gern, viele der Häuser sind sauberer als die Hotels in diesen Lagen. Jedoch nicht unbedingt billiger. Und, zugegeben, es könnte auch ein wenig betriebsamer und somit lauter zugehen als in den konventionellen Hotels. Israelische Reisegruppen – von der lebhaften Schulklasse bis zum geselligen Wanderklub – schlafen gern in den Jugendherbergen. Positiv ausgedrückt, wer will, hat wirklich schnell Freunde für sich oder seine Kinder gefunden.

Noch ein Wort zum Reisen mit Kindern und zu den Spielplätzen. Viele Jugendherbergen verfügen über eigene Flächen und Geräte. In Israel hat jede kleine Gemeinde einen ordentlichen Spielplatz zum Austoben, oft mit Sonnenschutz. Riesige Anlagen mit den tollsten Piratenbooten und Kletterburgen finden Sie in den Ballungszentren. Wer in Tel Aviv einen Marktbummel mit einem guten Restaurant- und Spielplatzbesuch verbinden möchte, ist am sogenannten »Tel Aviv Port« bestens aufgehoben. Das ist nicht etwa der Hafen von Jaffa im Süden, sondern ein Gelände im Norden der Stadt. Nebenbei: Die alten Fischerboote in Jaffa sind natürlich auch sehenswert, allerdings nicht zum Klettern geeignet.

In Palästina sind viele Spielplätze leider eine Zumutung – veraltete Sandkästen voller Abfälle locken Ungeziefer an, kaputte Schaukeln sorgen für Frust. Ausnahmen gibt es in größeren Städten, zentral liegt der Yousef-al-Qadura-Spiel-platz in Ramallah – ein kleiner Eintritt ist fällig. Zwar wird das Geld nicht in die Wartung der Geräte gesteckt, doch ist es dort halbwegs unvermüllt. Alternativ finden Sie in Israel und Palästina unzählige Spielhallen mit blinkendem und piepsen-dem Elektrokram für Kinder – meist in den Malls und nicht jedermanns Sache.

Wer mit Kinderwagen reist, der freut sich über einen Lift. Wer körperlich beeinträchtigt ist, ebenso. In Israel und Palä-stina verfügen alle größeren Hotels über einen Aufzug, doch wirklich barrierefrei sind in den meisten Fällen nur die isra-elischen Häuser – allen voran die von mir hochgelobten Jugendherbergen. Oftmals scheitert man mit seinem Roll-stuhl in Palästina schon beim Hoteleingang. Die Ursachen? Die israelische Gesellschaft kennt weitaus mehr Senioren als die junge palästinensische. Auch kümmern sich israelische Veteranenverbände darum, dass ihre verwundeten Soldaten ordentlich Urlaub machen können.

Hinzu kommt, dass körperlich oder geistig Beeinträch-tigte in Palästina von vielen nicht als gleichwertig wahrge-nommen werden. Mehrfach erlebte ich, wie Kinder sich vor den Augen Erwachsener über Blinde oder Gehbehinderte lustig machten. Ausländern würde das nicht passieren, doch erahnen Sie nun, wieso es von der Fahrt mit dem Sammel-taxi bis zum Restaurantbesuch für solche Menschen anstren-gend werden kann. So bleiben beeinträchtigte Palästinenser wie auch jene im Seniorenalter häufig zu Hause, werden dort von ihren Familien gepflegt. Eine Teilhabe am gesellschaft-lichen Leben außerhalb dessen ist für sie nicht vorgesehen.

Sie haben nun die perfekte Übernachtungsmöglichkeit ge-funden und wollen abends ausgehen. Eine hervorragende

Übersicht für alle israelischen Städte bietet ein Magazin, das zu Recht *The Guide* heißt. Es liegt der englischsprachigen Ausgabe der israelischen Tageszeitung *Haaretz* bei. Woche für Woche werden auf fünfzig Seiten Veranstaltungen aufgelistet und kommentiert, Adressen angegeben und Berichte zum Kulturleben abgedruckt.

Holen Sie sich unbedingt ein Exemplar dieser Zeitschrift, sie liegt auch in vielen Cafés aus. Beim Blättern bekomme ich stets einen Eindruck davon, was ich im Augenblick des Blätterns schon wieder verpasst habe. Und ich ärgere mich darüber. Kaum zu Ende geärgert, habe ich schon das nächste Event verpasst. Ich rate Ihnen daher zu einer rigorosen Eingrenzung: Was gibt es so nur in Israel? Was können Sie zu Hause nicht sehen? Was ist also das Besondere?

Meine Methode sieht so aus: Israelische Kinofilme kann ich auch zu Hause bequem schauen, und im Kino lerne ich sowieso niemanden kennen, das muss also nicht sein. Theaterbesuche lohnen sich da schon mehr; wenn auch das meiste auf Hebräisch gespielt wird, so ist es doch spannend, die israelische Interpretation einer Molière-Komödie, eines Tennessee-Williams-Dramas, einer Shakespeare-Tragödie oder eines Stückes von Bertolt Brecht zu sehen. Und Theaterorte sind in Israel wie in Deutschland immer auch potenzielle Kennenlern- und Gesprächsorte – ob in der Pause bei einem Glas Wein, im Foyer oder im Theatercafé.

Immer wieder werden auf den Dutzenden Theaterbühnen des Landes auch eigene Stoffe verarbeitet. Was machen die Kriege der letzten Jahrzehnte mit den Menschen? Wie beeinflussen die Einwandererschicksale aus verschiedenen Regionen der Welt und Zeiten das Land, und wie war das für die Betroffenen? Wenn Sie die große Bühne suchen, so sind Sie im Tel Aviver Habima (ein wenig origineller Name, denn es ist das hebräische Wort für »die Bühne«) natürlich gut aufgehoben – es ist das israelische Nationaltheater. Zur großen Bühne gehört leider auch recht wenig Mut bei den Inszenierungen. Oder wie es eine Theaterexpertin mir gegenüber deutlicher formulierte: »Das ist eine schlecht subventionierte Entertainment-Halle für das vermeintlich kulturinteressierte, bessergestellte Tel Aviver Publikum. Selten findet man dort gesellschaftskritische und reflektierende Inszenierungen.« Die Frau vom Fach empfiehlt übrigens zwei kleine Häuser: das Tmuna-Theater in Tel Aviv und das Beit Mazia in Jerusalem. Auch klein, doch anders und nicht weniger empfehlenswert ist das Nalagaat Center – hier stehen taubblinde Schauspieler auf der Bühne.

Die Überleitung von der israelischen Theaterwelt zum palästinensischen Theaterdorf erfordert Mut. Denn da muss etwas Grundsätzliches zur palästinensischen Kulturlandschaft gesagt werden. Und ich tue das als jemand, der selbst knapp zwei Jahre für eine Organisation in diesem Bereich arbeitete, selbst – wie bereits gesagt – zur sogenannten Helferszene gehörte.

Zunächst: Viele Palästinenser verbringen den Abend eher zu Hause. Das hat auch wirtschaftliche Gründe, die Menschen verdienen wenig Geld. Doch wenn ich symbolisch vom »Theaterdorf« spreche, so verweist dieser Begriff auch auf die kulturellen Bezüge, auf die Lebensweise von traditionellen, eher konservativen Familien.

So könnten all die Wohlhabenden, die es in Palästina eben auch gibt, problemlos wenn nicht gerade ein paar Dutzend, so doch zumindest ein einziges etabliertes Theater, Opernhaus, Tanzensemble und Programmkino finanzieren. Tun sie aber nicht. So wird auf den Bühnen lediglich das gespielt, was die Helferszene unterstützen möchte oder durch Vorgaben der Helferstaaten fördern muss. Eine Frage, die ich mir an Kulturorten in Palästina immer wieder stelle: Was ist – wenn auch gut gemeint – aufgezwungen und entspricht damit nicht den eigenen kulturellen Vorlieben?

Das ambitionierteste Kinoprojekt Palästinas war das »Cinema Jenin« – dahinter stand der deutsche Filmemacher Marcus Vetter. Er organisierte in der Stadt im nördlichen Westjordanland den Wiederaufbau des stillgelegten Kinos und drehte darüber einen eigenen Film. Anders als in den übrigen Kinos des Landes, sollten hier mehr als nur flache Hollywoodfilme und Billigproduktionen aus Ägypten zu sehen sein. Die palästinensische Filmszene sollte insgesamt vorangebracht werden. Bei meinem letzten Besuch hatte das Kino leider wegen »Maschäkel«, Problemen, geschlossen, wie mir ein Mitarbeiter erklärte. Inzwischen wurde das Kino abgerissen. Von »Maschäkel« hört man bei nationalen wie internationalen Kulturprojekten immer wieder. Dahinter kann sich alles verbergen: Schwierigkeiten wegen der israelischen Besatzung, zu wenig Interesse bei der einheimischen Bevölkerung, kein dauerhaftes Engagement der Künstler. Manchmal machen sich internationale Organisationen und Helfer auch mit ihren Ideen gegenseitig Konkurrenz, werben sich die Fachleute ab, machen sich Räume streitig.

Das Resultat: Die palästinensische Kreativität geht verloren. Man folgt den Ideen der Geldgeber. Natürlich gibt es das palästinensische Nationaltheater – wenn auch vor allem als Name und Idee, ansonsten ist es ruhig geworden um diese Institution. Bekommen wir doch überall die ewig gleichen Kostüme, die ewig gleichen Symbole, die ewig gleichen Themen, die ewig gleichen Dialoge zu sehen. So zeigt ein Stück das schwere Leben von palästinensischen Bauern, die den Schikanen des Militärs und der Siedler ausgesetzt sind. Ein anderes erzählt vom Schicksal der Palästinenser im Jordantal unter israelischer Besatzung. Im Gazastreifen zeigen sie ein Stück über den Gaza-Krieg. Der Name ist Programm, die Vorstellung heißt »Der Käfig«, und nichts anderes ist der zumeist abgeriegelte Gazastreifen für seine Bewohner. Und natürlich geht es um die Verarbeitung von Flucht, Gefangenschaft, der Intifadas und der Alltagsgewalt. Alles wichtig, alles wahr – doch wer will sein eigenes Schicksal Abend für Abend, Vorstellung für Vorstellung auch noch auf der Bühne und der Leinwand sehen?

Aber betrachten Sie es als Reisende positiv. Sie werden beim kulturellen Abendprogramm – egal, ob bei Tanz oder Theater – einen guten Einblick in die weitgefächerte Problematik erhalten. Und beim ersten Besuch stört all das, was ich hier anführe, auch gar nicht. Im Gegenteil, es kann noch recht interessant sein. Mit etwas Glück sehen Sie einen Auftritt vom »Yes Theatre Hebron« oder vom »Freedom Theatre Jenin«, beides engagierte Theaterprojekte. Die Schauspieler machen mit ihrer unkonventionellen Herangehensweise auch klar, dass sie aufgrund ihres Alltags gar keine andere Möglichkeit haben, dass ihr Kopf nicht frei ist für Shakespeare und Co.

Wie finden Sie nun in Palästina raus, was wann und wo gezeigt wird? Ein Monatsheft in Hochglanz und auf Englisch trägt den irritierenden Namen *This Week in Palestine*. Darin werden alle der Redaktion bekannten Kulturveranstaltungen des Landes für die nächsten vier Wochen auf vier handkleinen Seiten versammelt. Davon widmet sich eine Seite den Kinofilmen, eine den Anzeigen – es bleiben zwei Seiten für Konzerte, Lesungen, Theatervorstellungen und alles andere. Drei Viertel dieser Veranstaltungen werden von ausländischen Kulturinstituten organisiert oder mit internationalen Geldern finanziert.

Natürlich findet noch mehr statt, ungeplanter, spontaner, etwas wilder. Über soziale Medien trommelt man sich zusammen, zeigt etwas, versucht etwas: einen Filmabend, eine Ausstellung, eine Performance, ein originelles künstlerisches Statement gegen die Besatzung, das nicht den ewig gleichen Protesten ähnelt.

Wenn Sie bei solchen spontanen Kunstaktionen dabei sein wollen, besuchen Sie an einem Donnerstag- oder Freitagabend die Bars, die ich Ihnen gleich noch vorstellen werde, und fragen Sie die Leute dort, was so los ist in der Stadt. Hier feiern die Kreativen mit anderen Angehörigen der Ausgehszene Woche für Woche, um den kulturellen Untergang zu vergessen. Oder lassen Sie sich an den Tresen die aktuell angesagten Seiten auf den sozialen Netzwerken zeigen und stöbern selbst ein wenig – wobei vieles nur auf Arabisch kommentiert und beworben wird.

Auch bietet sich an, spontan bei den traditionellen Veranstaltungsorten vorbeizuschauen. Oft findet kurzfristig eine kleine Ausstellung oder ein Konzert statt. Das Personal in den Büros freut sich sehr über Besucher und hilft Ihnen gern bei der Abendplanung. Bevor Sie es sich überlegen können, sitzen Sie im Café dem Musiker gegenüber, zu dessen Konzert Sie am Abend wollten. Die Welt ist klein und Palästina winzig.

Wenn Sie das Sakakini-Center in Ramallah besuchen, liegt es nahe, sich das Arbeitszimmer von Mahmoud Darwisch anzuschauen, dem Nationaldichter Palästinas. Bei der Qattan-Foundation weiß man ebenfalls, was im Land kulturell los ist. Sehr aktiv ist außerdem das Goethe-Institut mit angeschlossenem Institute Français, das Edward Said National Conservatory of Music oder das Visit Palestine Center. Letzteres befindet sich in Bethlehem, die meisten anderen Kulturträger sitzen in Ramallah, haben jedoch auch häufig Außenstellen. Von diesen Adressen werden Sie schnell zur nächsten verwiesen. Und mit etwas Glück ist während Ihres Aufenthaltes doch mehr los, als es *This Week in Palestine* ankündigt.

Die Sommerzeit ist Festivalzeit. Beliebt bei Palästinensern sind Erntefeste wie das Aprikosenfestival in Jifna, keine zwanzig Taximinuten von Ramallah entfernt. Doch es handelt sich dabei eher um Verkaufsmessen. So stand ich mit meinen romantischen Vorstellungen davon, was ein Aprikosenfest sein könnte, etwas irritiert zwischen dem Stand eines palästinensischen Imkers und der Vertretung eines palästinensischen Toilettenpapierproduzenten. Auf der Bühne sollte ein Teilnehmer der Talentshow »Arab Idol« auftreten. Prädikat nach Bewältigung der Irritation: alles sehenswert.

Gleiches gilt für die mit international bekannten Namen besetzten Events – vom Musik- bis zum Literaturfestival. So lassen sich in Ramallah und Bethlehem schöne Abende verbringen. Wenn Sie zu solch einer Veranstaltung gehen, werden Sie mehr Ausländer sehen als Palästinenser. Auf den Plakaten weisen am unteren Bildrand ein Dutzend Logos auf meist ausländische Geldgeber hin – wie gesagt, eine zweischneidige Angelegenheit.

Auch hier ist das Nachbarland anders. Auf israelischen Kulturveranstaltungen treffen Sie vor allem Israelis. Festivalzeit ist das ganze Jahr über, im Sommer überall im Land, im Winter im stets warmen Süden und da besonders natürlich in Eilat. In Jerusalem erwarten Sie das Lichtfestival und das größte Weinfestival des Landes, in Massada das Opernfestival und an vielen anderen Orten Jazz-, Klassik- und so manche

Techno- und Filmfestivals – eigentlich können Sie in Israel fast jeden Eintrag aus dem Wörterbuch der Kultur mit -festival ergänzen. Die Bandbreite zeigt, wie ausgehfreudig die Israelis sind und wie trotz aller Krisen der schwächelnden Mittelschicht immer noch Geld für Kultur da ist. Kultur ist in Israel eine Art Zufluchtsort vor dem Nahost-Konflikt.

Diese Flucht gelingt Israelis auch leichter als Palästinensern. Wer durch Israel und Palästina reist, der merkt schnell, wem die Besatzung schlimmer zusetzt. In Israel kann man mehrere Wochen (von Metalldetektoren an Eingängen abgesehen) an einem Touristenort verbringen, ohne etwas vom Konflikt zu erahnen, in Palästina keine Stunde, egal wo. Und wenn Sie es doch einmal geschafft haben, so wird Sie einer der erwähnten Kulturabende mit den Realitäten konfrontieren.

Gehen wir zwischendurch was trinken. Zuerst in Ramallah. Dort lässt sich in der Bar »Beit Anise« ganz hervorragend über Kultur diskutieren. Schließlich habe ich fast alle meine Argumente von Einheimischen geklaut – keiner berichtet so kritisch über die palästinensische Kulturlandschaft wie der palästinensische Kulturschaffende. Bei den Cocktails im »Beit Anise« wird nicht am Alkohol gespart, und die Zunge lockert sich schnell, zumal in den heißen Sommermonaten.

Bestellen Sie sich an der Bar erst mal ein kühles Bier. Die Barkeeper sind auf eine zu gekünstelte Art cool, doch im Raum finden Sie schnell interessante Zeitgenossen. Wenn es hier leer ist, dann stimmt etwas nicht. Entweder sind Sie zu früh da, vor 22 Uhr, oder alle sind schon wieder in der »Snowbar« – ein Wortspiel mit dem arabischen »Snobar« für »Pinien«. An jenem kuscheligen, von ebendiesen Bäumen umgebenen Ort können Sie tagsüber auch in den Pool springen.

Viele andere Bars entstehen und verschwinden im Halbjahresrhythmus – kaum angesagt, sind sie schon wieder out. Und viele Ausgeh-Orte kämpfen um die vergleichsweise wenigen Ausgeh-Palästinenser und Ausländer. Kein Wunder, eröffnet doch ein Unternehmer gern gleich an mehreren Orten eine Bar. Lieber macht er sich selbst Konkurrenz, als dass es andere tun. Doch es bleibt stets übersichtlich. Sie können problemlos in einer Nacht alle Bars Ramallahs mit dem Taxi abklappern. Länger als fünf Minuten werden Sie auf dem Weg von Lokal zu Lokal dabei nie im Wagen sitzen.

In Israel hingegen ist man bei der riesigen Auswahl an Bars und Klubs allein in Tel Aviv schnell verloren. Am besten fangen Sie am Rothschild-Boulevard an oder an der Allenby-, der Dinzengoff- oder auch der Ben-Yehuda-Straße. Überall dort lässt sich sehr gut essen und ausgehen. Sie können sich alphabetisch durch die Klubs arbeiten, von A wie »Allenby 40« bis Z wie »Zamir«. Egal wo, in der Regel dauert es nicht lange, bis Sie den gerade kennengelernten Israelis zur nächsten Bar oder zum nächsten Klub folgen können. Drinnen werden Sie allerdings Gefahr laufen, Ihre neuen Bekannten wieder aus den Augen zu verlieren: Die meisten Häuser sind groß genug, um sich darin zu verlaufen.

Nicht weit von den Klubs im Zentrum Tel Avivs entfernt, liegt Jaffa. So heißt das Städtchen auf Arabisch; Yafo auf Hebräisch. Und ehrlich gesagt, verbringe ich meine israelischen Nächte am liebsten dort. Damit stehe ich in guter Tradition. Der Ort war schon zu antiken Zeiten bei Seefahrern beliebt, zumindest deuten Ausgrabungen auf eine Siedlung aus dieser Zeit hin. Im arabisch-israelischen Krieg 1948/49 flüchtete die arabische Bevölkerungsmehrheit aus der Stadt. Die israelischen Sieger führten Tel Aviv und Jaffa zusammen, und die Großstadt heißt daher offiziell nicht nur Tel Aviv, sondern Tel Aviv-Yafo. Arabische Israelis, Palästinenser und viele Reisende sprechen dessen ungeachtet weiterhin von Jaffa.

Zum Ausgehen ist es mir, wie gesagt, lieber als Tel Aviv. Das abendliche Jaffa ist überschaubarer, entspannter, die israelisch-arabische Mischung ausgeprägter. Wie meinte eine israelische Einwohnerin zu mir: »Wir leben in einer gewissen Harmonie zusammen.« Männer und Frauen tragen eher legere, lockere, simple Sachen, wobei das auf so gekonnte Weise cool aussieht, dass es in Kombination mit den zur Schau getragenen Tattoos und dem obligatorischen ohne Leine mitgeführten Hund schon wieder ein wenig inszeniert wirkt. Aber schließlich ist das Nachtleben überall auf der Welt immer auch Inszenierung.

Welche Show Sie sehen wollen, liegt ganz bei Ihnen. Allerdings ist Jaffa weniger ein Laufsteg für Hungermodels als der Rothschild-Boulevard in Tel Aviv. Dort tragen die Frauen schicke, kurze Stoffe, und man ahnt, wie viel Zeit sie vor dem Spiegel verbrachten. Etlichen Männern ist alles Modische egal. Mit Jeans, die bei den Knien aufhören, einem einfarbigen T-Shirt und Flip Flops laufen sie mit ihrer herausgeputzten Begleitung breitbeinig auf und ab – und sehen dabei dennoch verdammt gut aus.

Eine mit vielen Bekanntschaften gesegnete Israelin klärte mich über die modischen Besonderheiten auf: »Das ist die Machokultur!«

»Machos in kurzen Hosen?«, überlegte ich laut.

»Die Männer interessieren sich nicht dafür, wie sie selbst aussehen.«

»Und die Frauen?«

»Die sagen: Hey, das ist ein echter Mann.«

Was tragen Sie nun also als echter Kerl? Ich schlage Ihnen ein schwarzes, langes Hemd mit zweimal umgekrempelten Ärmeln und Blue Jeans vor. Das funktioniert sowohl in Tel Avivs Zentrum als auch im lockeren Jaffa. Man kann damit sogar ins Theater gehen und fühlt sich noch wohl dabei. Frauen wird es, wie wahrscheinlich überall, schwer gemacht, und ich empfehle, das zu tragen, was Ihnen in einer warmen Sommernacht Freude bereitet. Aber nicht vergessen, dass auch die wärmste Sommernacht abkühlt, zumal so nah am Meer. Ein dünner Pullover ist bei mir immer dabei. Der reicht aus, um den Bummel von Bar zu Bar, von Klub zu Klub ohne Erfrierungen zu überstehen.

In den Bars, Galerien und Klubs lernen Sie in Jaffa noch schneller Leute kennen als anderswo. Und jetzt, mitten in der Nacht, ist es so weit, um wieder einmal Tacheles zu reden. Denn wer allein reist, sich verliebt oder auch nur in beidseitigem Einvernehmen eine schöne Zeit verbringen will, hat es in Israel sehr leicht und in Palästina sehr schwer.

Ein palästinensischer Kulturveranstalter beklagte sich einmal bei mir über die vielen Paare, die zu seinen Events erschienen: »Die zahlen Eintritt, setzen sich in die letzten Reihen, warten, bis abgedunkelt wird, kuscheln und tuscheln und stören einfach alles.« Sitzt so ein Liebespaar neben Ihnen, sehen Sie es den Turteltauben nach. Oft sind solche schummrigen Veranstaltungsorte die einzige Möglichkeit für unverheiratete Paare, Händchen zu halten. Und wir reden hier über Erwachsene.

Auf Unverheiratete wird im traditionellen Palästina enormer Druck ausgeübt, fast immer tragen ihre Familien die Hauptschuld. Arrangierte Ehen sind üblich, Zwangsehen kommen vor. Viele Paare, die heiraten, haben zuvor kaum einen Tag allein miteinander verbracht, also ohne die Aufsicht von Familienmitgliedern.

Ein Freund, damals Mitte zwanzig, aus einer christlich-palästinensischen Familie, wollte eine Palästinenserin aus der Nachbarstadt heiraten. Natürlich war auch sie Christin, in Palästina sind Hochzeiten zwischen den Religionen tabu. Er sah sie im Geschäft ihres Vaters und bat ihn um die Erlaubnis, sich mit ihr zu treffen. Das wurde ihm erlaubt, und so fanden ein Dutzend Begegnungen statt – immer in Anwesenheit ihrer Eltern und häufig auch seiner Mutter. Gemeinsam saßen sie am Tisch und sprachen über dies und das. Bis zum Hochzeitstag.

Vor diesem Hintergrund versteht man, wie wertvoll ein intimer Ort, ein ruhiger, dunkler Veranstaltungsraum, sein kann. Endlich mal Schulter an Schulter sitzen, ein bisschen reden, sich kennenlernen. Natürlich gibt es Ausnahmen in Palästina: unverheiratete Paare, Sex vor der Ehe, One-Night-Stands. Meist sind es Männer und Frauen, die selbst die Welt bereisen, anderem begegnet sind, aus wohlhabenden Familien stammen oder gegen die eigene Familie rebellieren.

Einer palästinensischen Freundin von mir, Künstlerin, weltoffen, weltweit unterwegs und unverheiratet, war es folgendermaßen ergangen: Als sie aus dem Haus ihrer Eltern ausziehen wollte, um in einer eigenen Wohnung zu leben, musste sie versprechen, allen zu sagen, dass sie jetzt mit einer Freundin in Ramallah zusammenwohne. Mitte zwanzig und noch nicht verheiratet ist schon schlimm genug. Und dann noch allein lebend? Unmöglich.

Reisenden unverheirateten Paaren empfehle ich für Palästina: Seien Sie doch mal verheiratet! Tun Sie so, als ob. Für das Hotelpersonal ist es nichts Neues, wenn unverheiratete Paare aus dem Ausland gemeinsam ein Zimmer nutzen.

Doch viele Palästinenser außerhalb der Hotelmauern fühlen sich wohler, gerade bei Einladungen ins eigene Zuhause und an den eigenen Esstisch, wenn die ausländischen Gäste verheiratet sind. Und das kann auch entspannter für Sie selbst werden. Sie müssen nicht lange erklären, wie glücklich ein gemeinsames Leben auch ohne Ehering sein kann.

Als ich mit meiner Frau noch nicht verheiratet war, lebten wir für Recherchen ein paar Monate in Nablus. Der Supermarktverkäufer, ein religiöser Mann, wusste wie alle um uns herum, in welchem anrüchigen Verhältnis wir die Beziehung führten. Einmal suchte ich in seinem Laden noch bei den Gewürzen nach Zimt, während meine Partnerin schon an der Kasse stand. Der Verkäufer nutzte die Gunst des Augenblicks und schob ihr einen Zettel mit seiner Telefonnummer zu.

Der praktizierende Muslim war bereits verheiratet und Vater. Doch war er auf der Suche nach einer Zweitfrau. Er gehörte somit zu den Muslimen, die die religiösen Quellen folgendermaßen auslegen: Männer dürfen bis zu vier Ehefrauen gleichzeitig haben, solange sie genug Geld verdienen, um für die Frauen und die gemeinsamen Kinder zu sorgen. Da meine Partnerin nicht mit mir verheiratet war, suchte sie – so dachte der Verkäufer vermutlich – natürlich noch nach einem Ehemann. Oder sie war zumindest bereit, sich abwerben zu lassen.

Wenn sich jemand in Palästina in Sie verliebt und Sie auch nicht abgeneigt sind, beachten Sie als Frau, dass der ein oder andere Palästinenser alle Hoffnungen in Sie investieren wird. Sie sind es auch, die ihn sexuell aufklären sollte, denn zahlreiche Männer sind mit Mitte zwanzig, sofern sie nicht verheiratet sind, noch Jungfrau. Sexuelle Erfahrungen sammeln viele vor der Ehe ausschließlich über Pornos. Welches

Frauenbild dort vermittelt wird, ist ja kein Geheimnis. Ein Bekannter aus Studienzeiten in Palästina kam mir kurz vor dem Wochenende mit einem Stapel CDs entgegen. »Was ist da drauf?«, fragte ich. »Pornos«, antwortete er und schwärmte von der Internetgeschwindigkeit an seinem Institut.

Natürlich haben manche Palästinenser noch andere Hoffnungen – und das ist bei der politischen Situation verständlich, wie ich finde. Sie wären sein Ticket raus aus dem Konfliktalltag, rein in eine heile Wohlstandswelt: irgendwann endlich mit einem ordentlichen Pass als Reisedokument, nicht mehr nur diese wertlosen Zettel, die israelische Behörden ausstellen oder eben auch nicht.

Verstehen Sie mich nicht falsch, ich kenne glückliche deutsch-palästinensische Paare. Manche leben in Deutschland zusammen, manche in Palästina. Sie haben Kinder, die fließend Arabisch und Deutsch sprechen, und sind rundum zufrieden. Ich will damit nur sagen, es kann in Palästina sehr schnell sehr ernst werden, bevor man sich miteinander richtig vertraut machen konnte.

Wenn Ihnen als Mann eine Palästinenserin andeutet, mehr zu wollen – so beachten Sie, dass es zu 99 Prozent darum geht, mit einem Ausländer zu sprechen, ihn kennenzulernen, eigene Sprachkenntnisse zu erproben, eine Facebook-Freundschaft zu gründen. Die wenigsten Palästinenserinnen würden sich trauen, darüber hinaus etwas anzufangen. Denn für viele Frauen ist es ein Risiko, sich mit anderen Männern in uneheliche Partnerschaften zu begeben.

Gern wird dabei westliches Verhalten imitiert. Schöne Worte wie »miss you« oder »love you« werden schnell gesagt und noch schneller geschrieben, sind aber nur Floskeln. Ich mailte einer palästinensischen Kollegin von meiner baldigen Reise in ihr Land. Wir arbeiteten bei vielen Projekten zusammen, und ich wusste: Sie liebt Schokolade aus Deutschland.

»Ich konnte keine Schokolade von zu Hause mitbringen, es ist zu warm«, schrieb ich ihr kurz vor der Ankunft bedauernd.

Ihre Antwort kam prompt: »Sweetheart, ich hoffe, Dich bald zu sehen, Du bist jetzt meine deutsche Schokolade!«

Okay, denkt man da vielleicht, sie will mehr als eine Kollegin sein. So ist es aber nicht. Sie ist verheiratet, lebt religiös, hat mehrere Kinder. Wenn wir uns sehen, gibt sie mir zwar die Hand zur Begrüßung, doch würde sie das niemals machen, wenn andere Religiöse anwesend wären.

Was sie schrieb, war freundlich gemeint. Mehr nicht. Eine mögliche Denkweise dahinter: Die im Ausland sind so liberal, so ungezwungen, nicht so förmlich zwischen Mann und Frau – und siehe da, das kommt dabei heraus. Der Kollege wird zur Sweatheart-Schokolade. Wie reagieren? Cool bleiben und bloß nichts hineininterpretieren. Da ist nichts.

Auf einen einzigen Ratschlag reduziert, hört sich das so an: Alle, die sich verlieben wollen, sollten sich am besten in Israel verlieben! Aber das ist natürlich totaler Quatsch. Wo die Liebe hinfällt und so weiter. Vor endlosen Jahren verliebte ich mich auch mal auf der einen, mal auf der anderen Seite. Es kann übrigens auch in Israel schwierig werden, nämlich dann, wenn aus der kurzen Liebe eine lebenslange werden soll. Mag die Familie noch so liberal sein, immer wieder sagten mir junge Israelis, von ihnen werde trotzdem erwartet, eine Jüdin oder einen Juden zu heiraten.

Wenn die Familie aber dann doch wunderlicherweise eine interreligiöse Partnerschaft akzeptiert, kann es so wie im Fall eines befreundeten Paares laufen. Er ist jüdischer Israeli, sie nicht jüdische Deutsche. Als er seine Freundin seiner Mutter vorstellte, sagte die im Anschluss: »Sie ist süß wie eine Zabarit.«

»Zabar« ist eine Kaktusfrucht, außen stachelig, innen süß – »Zabarit« die weibliche Form. Und als »Zabre« bezeichnet man in Israel geborene Israelis. Mein Freund findet, seine Mutter habe das als Kompliment gemeint und das sei doch ein gutes Zeichen. Seine deutsche Partnerin fasst es hingegen nicht als Kompliment auf, vielmehr als Aufforderung, wenn schon nicht jüdisch, so zumindest israelisch zu sein.

Eines der größten Tabuthemen in Palästina ist die Homosexualität. Oder wie mir eine Einheimische sagte: »Natürlich kann man homosexuell sein in Palästina. Solange es keiner merkt!« Schwule und Lesben lieben im Geheimen, die eigene Familie erfährt so gut wie nie davon, und nur die engsten Freunde werden eingeweiht. Es gibt keine Bars oder Klubs mit Regenbogenflagge, zusammen zeigt man sich, wenn überhaupt, vielleicht auf Privatpartys.

Homosexualität ist für die religiösen Muslime in Palästina »haram«, schlichtweg verboten, und auch für die traditionellen Christen eher eine Krankheit als eine natürliche Neigung. Das wirkt auf den ersten Blick besonders irritierend, wenn man den engen Körperkontakt zwischen Männern in ihrer Kommunikation beobachtet. Das reicht von den vielfachen Begrüßungsküssen und den langen Umarmungen bis zum Händchenhalten bei gemeinsamen Spaziergängen.

Wer sich als homosexueller Reisender in Palästina verliebt, muss also noch vorsichtiger sein als alle anderen – vor allem dem Menschen zuliebe, mit dem man zusammen sein möchte. Viele der palästinensischen Schwulen und Lesben versuchen deshalb, über das Wochenende auf die israelische Seite zu kommen, um dort lieben zu können, wen sie lieben wollen.

Israel gehört in Sachen Homosexualität zu den offensten Ländern der Welt. Auf Ihren Ausflügen werden Sie oft kinderreichen Regenbogenfamilien begegnen. Allerdings nie an jüdisch-orthodoxen Orten. Denn viele religiöse Juden, vor allem Ultraorthodoxe, verachten Homosexualität wie die Muslime und Christen auf der palästinensischen Seite.

Ein sehr mutiger Film erzählt die Geschichte zweier Juden, die sich in ihrem ultraorthodoxen Viertel, also umgeben von Homophoben, ineinander verlieben. Der Filmtitel drückt aus, was für das Paar gilt: »Du sollst nicht lieben«. Alles im Film des israelischen Regisseurs Haim Tabakman wirkt authentisch, man spürt, dass die Aufnahmen tatsächlich in einem ultraorthodoxen Viertel entstanden sind. Bezeichnenderweise unter Protest der Einwohner.

An einer Stelle im Film rechtfertigt sich der Protagonist für seine Liebe zu einem Mann: »Ich bin lebendig. Ich brauche ihn einfach.« Die Sittenwächter sehen das anders. Sie verteilen Flugblätter mit der Überschrift: »Ihr seid gewarnt! Ein Sünder ist in unserer Nachbarschaft!«

Das Drehbuch kennt kein Happy End. Und auch in der Realität bleibt Homosexuellen in diesem Milieu nichts anderes übrig, als sich ein Leben lang zu verstellen oder ein neues Leben an einem anderen Ort aufzubauen.

# Shrimps in Falafel

Beginnen wir mit dem Schlimmsten: dem Schwein. Juden und Muslimen ist es nach ihren religiösen Speisevorschriften verboten, diese Vierbeiner als Nahrung zuzubereiten und zu essen. Seine Haltung ist ebenso untersagt, weil das Tier unrein ist. So viel zur Theorie. Praktisch kann das Fleisch bei vielen jüdischen Metzgern russischer Abstammung ebenso gekauft werden wie an einigen Orten in Palästina.

Wenn in Israel ein Koch das Fleisch zubereitet – und das macht wirklich nur eine Minderheit –, so steht auf der Speisekarte natürlich nicht »Schweinesteak«, sondern »weißes Steak«, das klingt weniger provokant. Auf der anderen Seite züchten und verkaufen die christlichen Palästinenser Schweinefleisch. Die besten Koteletts und Würstchen soll es in Beit Jala, einem kleinen Ort bei Bethlehem, geben. Ein befreundeter Ladenbesitzer aus dem Norden Ramallahs nimmt dafür immer drei Stunden Autofahrt in Kauf.

Das international bekannteste Schwein der Region ist »Das Schwein von Gaza«. Der so benannte Film handelt von dem Fischer Jafaar und ist eine rührend alberne Geschichte, mit der Sie sich auf die Nahost-Reise einstimmen können. Jafaar darf, wie es israelische Gesetze tatsächlich vorschreiben, seine Netze ausschließlich küstennah auswerfen. Außer alten Schuhen und Plastik geht dem Palästinenser nichts ins Netz. Eines Tages aber macht er den Fang seines Lebens, zumindest von der Gewichtsklasse her: ein grunzendes Schwein – offenbar von Bord eines Frachters ins Mittelmeer gestürzt. Jafaars Freund, wie der Fischer ein Muslim, betrachtet es entsetzt mit zugekniffenen Augen: »O Gott, ist das hässlich, wie kann man so etwas nur essen!«

Jafaar muss das Schwein loswerden, doch ihm wächst es ans Herz. Was soll er tun? Er muss es verstecken. Der ranghohe UN-Mitarbeiter, gespielt von Ulrich Tukur, will es nicht haben: »Was soll ich mit einem Schwein anfangen?« Jafaar versucht sein Glück bei einer jüdischen Siedlerin. Die Angelegenheit eskaliert, am Ende stehen sich bewaffnete Israelis und Palästinenser gegenüber. »Das Schwein bedroht unser Land!«, verkünden beide Seiten. Oder die andere Lesart: Wir sind doch nicht so unterschiedlich, wie uns immer gesagt wird.

Ich vermisste Schweinefleisch weder in Israel noch in Palästina. Und keine Sekunde werden Sie auf die Idee kommen, danach zu suchen. Mit Lamm- oder Hammelfleisch, Rind, Hühnchen und Fisch, den auserlesenen Gewürzmischungen, all dem frischen Obst und Gemüse lässt sich Wundervolles zaubern. So großartig, vielseitig und lecker ist die nahöstliche Küche. Der Hauptgrund für diese Vielfalt ist: *Die* nahöstliche Küche gibt es nicht.

Seit seiner Gründung wächst Israel dank jüdischer Einwanderer aus aller Welt. Und jeder bringt seine eigenen Rezepte mit – die Aschkenasen aus dem Osten und der

Mitte Europas, die Sepharden aus Südeuropa und Nordafrika, die Mizrachim aus dem Nahen und Mittleren Osten sowie aus Asien. Deren Rezepte vermischen sich mit den traditionellen Gerichten der arabischen Bevölkerung Palästinas. Ein Geschenk für den Gaumen einerseits, Zankapfel der Völker andererseits. Welches Gericht gehört wem? Wer hat es zuerst kreiert? Essen spielt eine große Rolle, es ist geradezu identitätsstiftend. Und um Identität geht es im Nahen Osten schließlich jeden Tag.

Bei keinen Gerichten wird derart eifrig darüber debattiert wie bei Falafel und Hummus. Wichtigste Zutat bei beiden ist die Kichererbse. Schnell gesagt, sind Falafel frittierte Bällchen, und Hummus ist die gekochte Breiversion, die vermischt wird mit Olivenöl, Sesampaste, Zitrone, Knoblauch, Salz und Pfeffer. Hummus wird meist abgekühlt serviert. Doch ich muss eingestehen: Jeder Israeli und jeder Palästinenser würde mich für diese respektlose Vereinfachung ihrer jeweils ureigenen Nationalspeise vor Gericht bringen.

Ein altes israelisches Postkartenmotiv zeigt eine Falafel mit eingesteckter Ministaatsflagge. Palästinenser würden die Postkarte glatt übernehmen, jedoch die Flagge austauschen. Ich forschte intensiv nach den Ursprüngen, wollte der Sache auf den Grund gehen. Und verzweifelte dabei. Juden aus dem Jemen – so las ich – hätten die Falafel nach Palästina gebracht, weit vor der Staatsgründung Israels. Also ist sie weder israelisch noch palästinensisch, sondern jemenitisch? »Jüdisch-jemenitisch!«, höre ich israelische Eiferer betonen. Anderswo stand, im Jemen hätten sie gar nicht so gern Falafel gegessen, die sei vielmehr in Ländern wie dem Libanon und Syrien beheimatet. »Also christlich-muslimisch-arabisch!«, triumphieren die palästinensischen Eiferer. Doch lebten damals in Syrien nicht auch Juden?

Auf der Suche nach Schlichtung landete ich bei Yotam Ottolenghi und Sami Tamimi – der eine ist Israeli, der andere Palästinenser. Beide sind sie Starköche und die Autoren des Kochbuches *Jerusalem*. Darin bezeichnen sie diese Streitereien am Herd als Konflikt um »kulinarische Eigentumsrechte«; doch die Schöpfer solcher Speisen herauszufinden sei »vollkommen unmöglich«. Bei einem Gericht sei »sehr wahrscheinlich, dass es vor dem einen schon einmal jemand gekocht hat und vor diesem wieder ein anderer«. So klare Worte kann man sich nur im Exil leisten. Die beiden Köche haben ihren Lebensmittelpunkt schon lange in London.

Ob nun Falafel und Hummus israelischen oder palästinensischen Ursprungs sind? Einigen wir uns auf menschlichen.

Ich fragte Tom Franz, wie er das sehe. Der gebürtige Rheinländer ist einer der bekanntesten Köche Israels, da er im beliebtesten Fernsehkochduell des Landes die Jury überzeugte. Für die Sendung schalteten mehr Israelis ein als zur Fußball-WM. Die Nationalspeisen-Debatte kennt Tom Franz, der seit Jahren im Land lebt, natürlich, doch nimmt er sie mehr als Mythos wahr: »Ich habe noch nie einen Streit darüber persönlich erlebt.« Er selbst spreche sowieso nicht von israelischer oder palästinensischer Küche, sondern von »der Regionalküche«. Eine salomonische Lösung.

Eine von ihm kreierte Falafel-Variation besteht aus Champignons und wird zum Verzehr in eine Soße aus Ziegenjoghurt gedippt. Der originellsten Falafel Palästinas begegnete ich im schicken »Orjuwan«, einem Restaurant in Ramallah. Es ist einer der wenigen Orte im traditionellen Palästina, an dem gewagt wird, was in Israel nahezu jedes Restaurant gehobener Klasse macht: mit den Zutaten experimentieren. So schaut im »Orjuwan« aus der Falafel ein frittierter Garnelenschwanz heraus.

Das wiederum wäre in koscheren Restaurants unmöglich. Und die Herzensangelegenheit von Tom Franz ist die koschere Küche. Sie hat auch in Israel ein Imageproblem. Der zum Judentum konvertierte ehemalige Katholik trat bei der Kochshow an, um »koscher auf Gourmet-Niveau« zu kochen. Doch was koscher kochen bedeutet ist nicht so eindeutig zu sagen. »Es gibt immer eine Steigerung von koscher.« Tom Franz zeigte auf die heiße Schokolade vor sich auf dem Tisch. »Das ist für mich koscher.« Für manche sei das Getränk nicht koscher. »Weil der Ort für sie nicht koscher ist.« Wir saßen in einem Café ohne Koscher-Zertifikat.

Diese Zertifikate sind eine Wissenschaft für sich. Uneinig ist man sich bei ultraorthodoxen Juden darüber, welches Zertifikat gültig ist und welches nicht. Jeder vertraut seinem eigenen Rabbiner. Doch machen zumindest wir es nicht so kompliziert. Es gibt einen koscheren Mainstream, und der besagt: Tiere werden geschächtet. Säugetiere haben gespaltene Hufen und sind Wiederkäuer. Meereslebewesen haben Flossen und Schuppen – daher kommen keine Garnelen oder Aale auf den Teller. Milch- und Fleischprodukte werden nicht gemeinsam zubereitet und verzehrt – keine Sahnesoße zum Filet und keine Fleischlasagne mit Käse überbacken.

Auch das Geschirr und Besteck für milchige oder fleischige Speisen wird getrennt. So versuchte ich während meiner Zeit als Mitbewohner in einem religiösen Haushalt in Israel, alles richtig zu machen. Wir hatten eine Gemeinschaftsküche, und es gab einen Schrank mit Milchgedeck sowie einen mit Fleischgedeck. Bei meinem Auszug sah ich in einer Ecke zwei Pakete von IKEA. »Was hast du dir bestellt?«, fragte ich die Israelin, die mit mir die Küche genutzt hatte. Sie druckste herum. Wir schätzten uns sehr, und offenbar wollte sie mich nicht kränken. Und dann wurde mir klar, es handelte sich um zwei neue Gedecke. Schließlich mussten wir darüber lachen. Wohl mehr als einmal hatte sie mich dabei erwischt, wie etwas nicht koscher war – so sehr ich mir auch Mühe gegeben hatte. Vielleicht unbedacht ein Löffelchen in der falschen Schublade. Oder gedankenverloren mal Sahnesoße zum Hühnchen. All die Teller, Gabeln, Messer und Löffel waren somit verunreinigt und nicht mehr zu gebrauchen.

Wenn man sich einbildet, alles verstanden zu haben, wird man an Pessach erneut herausgefordert. Erinnert wird bei diesem Wallfahrtsfest an den Auszug der Juden aus Ägypten, genug Zeit, um Brot zu backen, hatten sie laut Thora nicht. Somit wird in der Pessach-Woche ungesäuertes Brot verzehrt – also zum Beispiel ohne Hefe. Eingeleitet wird die Woche mit dem Seder-Abend, und wer glaubt, es handele sich um verstaubte Traditionen, wird bei einer Teilnahme eines Besseren belehrt.

Bei einer familiären Einladung verfolgte ich von Weinglas zu Weinglas (das gehört zum Seder-Abend der Überlieferung nach dazu) die lebhaften Diskussionen. Die Gastgeber lasen Textstellen aus der Haggada vor – einer Schrift, die ich in einer Übersetzung vor mir liegen hatte und die vom Auszug der Israeliten aus Ägypten berichtet. Zwischenfragen waren ebenso erwünscht wie lebendige Streitereien zum Text. Eine Kernfrage: Was bedeutet all das Vergangene für die Gegenwart? So rauschten die biblischen Bilder an uns vorbei, bis ich das vierte Weinglas geleert hatte. Vier müssen es laut dem vierzehn Punkte umfassenden Seder-Abend-Ritual sein. Und wer will als Gast unhöflich sein.

So ein – mit Verlaub – religiöses Zechen wäre bei palästinensischen Muslimen nicht vorstellbar. Alkohol ist »haram«.

Ebenso das bereits ausführlich porträtierte Schwein inklusive der schweinischen Nebenprodukte wie Gelatine. Auf Gummibärchen-Packungen in Palästina ist dennoch »halal« zu lesen, was »erlaubt« bedeutet. Hier ist die Gelatine schweinfrei. Weitere Parallelen zu den israelischen Nachbarn: Die Schlachter müssen die Tiere schächten, und Fische müssen Schuppen haben – so ist der Butt erlaubt, doch der Steinbutt ist »haram«, weil ihm die Schuppen fehlen.

Fische werden natürlich nicht geschächtet, müssen aber an Land oder im Boot und dürfen nicht schon im Wasser getötet werden. So weit der »halal«-Mainstream. Kompliziert wird es auch bei Muslimen, je nach religiöser Intensität. So sind die Gelehrten unterschiedlicher Rechtsschulen zum Beispiel beim Schächten nicht einer Meinung. Das Tier dürfe vorher betäubt werden, sagen die einen. Dies sei »haram«, sagen die anderen. Auch ist manches nicht »haram«, aber dennoch verpönt. Zum Beispiel das Zuprosten, was zu sehr an Alkoholriten erinnere. Die Garnele und somit auch die Garnelenfalafel sind bei allen »halal«.

Eigentlich ist es sehr einfach zu handhaben. In der Praxis essen und trinken Sie ja das, was angeboten wird, sowieso am Ort des Angebots. Der Koch entscheidet, wie genau nun welche Vorschrift befolgt oder missachtet wird. Und Sie lehnen sich entspannt zurück, bewundern die kreative Auslegung und genießen das Essen.

Die Klassiker der »Regionalküche« (um den Begriff von Tom Franz zu verwenden) sind die Vorspeisen. Sie werden Mezze genannt und sind meist sowohl koscher als auch »halal«. Allein schon für eine dieser Vorspeisen lohnt sich die weite Anreise: Baba Ghanoush. Dieser Dip besteht aus dem Fruchtfleisch von Auberginen, die eine Stunde im Ofen schwitzen müssen. Das Fruchtfleisch vermengt man je nach Rezept mit gehackter Petersilie, Minze, einem Schuss Zitronensaft, Olivenöl, reichlich Knoblauch, Salz und Pfeffer. Aber es muss noch Geheimzutaten geben, die in keiner Kochfibel auftauchen. Denn nie gelingt mir in der heimischen Küche eine Baba Ghanoush auch nur annähernd so gut, wie sie im Lokal schmeckt.

Bisher wagte ich mich selbst noch nicht an die Zubereitung von Tabuleh – so viel Geduld habe ich nicht. Denn diese Vorspeise ist ein Salat aus winzig klein geschnittener Petersilie mit Bulgur. Oft werden Tomate, Paprika und Minze dazugeschnippelt. Das Dressing besteht aus Olivenöl und Zitronensaft. Ebenso erfrischend schmeckt der Gurkensalat in feiner Joghurt-Minz-Soße. Zu jeder Mezze-Auswahl wird Hummus und Fladenbrot, manchmal noch ofenwarm, gereicht.

Ich neige dazu, mich bereits an den Vorspeisen satt zu essen, sodass ich die Hauptspeise links liegen lassen muss. Selbst schuld! Denn die Hauptspeisen sind großartig! Wo fangen wir an? Wenn Sie ein paar Tage da sind, verlängern Sie doch die Reise ein wenig. Geht nicht? Tom Franz empfiehlt Ihnen in diesem Fall »Streetfood«. Lokale Stammgerichte wie Hummus und Falafel oder Sabich (Fladenbrot mit Auberginen, Ei und vielen anderen leckeren Sachen gefüllt) erwarten Sie häufig in Räumlichkeiten, die nicht sehr einladend aussehen. Doch die abgenutzten Möbel und die etwas schmuddelige Atmosphäre sprechen für regen Umsatz. Und auch Tom Franz rät: »Dorthin, wo die Menschen Schlange stehen. Das ist das Qualitätszertifikat.«

In Palästina gibt es an solchen Orten manchmal gegrillte Hühnchen – natürlich mit einer kleinen Mezze-Auswahl aus Hummus, Gurken-Tomaten-Salat, sauer eingelegtem

Gemüse und einem Tellerchen Oliven. All das, außer dem Hühnchen, passt auch in ein Fladenbrot mit Falafel und wird häufig so auch in Israel serviert. Die palästinensische Schnellküche ist sehr fleischhaltig, statt Falafel werden vielerorts lieber Hammel oder Hühnchen vom Drehspieß abgeschabt und in das Fladenbrot gefüllt. Döner würde ich nie dazu sagen.

In allen Städten Palästinas werden Sie Dutzende solcher Lokale finden, und manchmal wird auf zwei Ebenen bedient. Oft ist die obere für Frauen und Familien reserviert. Palästinenser halten sich an diese Regel, und man wird es schätzen, wenn auch nicht fordern, wenn Sie sich als Ausländer ebenfalls daran halten. Die Streetfood-Regel von Tom Franz kann in Palästina bedingungslos übernommen werden. Je mehr Kunden sich vor der Kasse drängeln, desto reichhaltiger und frischer die Mezze und desto leckerer die Hauptspeise.

An solchen Ballungspunkten ähneln sich die Speisekarten. Wer in Palästina ein Gericht sucht, das es so wirklich nur an einem Ort gibt, der muss nach Hebron. Vorausgesetzt, man ist bereit, Kamelfleisch zu probieren. Jedoch muss man sich etwas durchfragen. Ich fand schlussendlich einen Palästinenser, der mir einen Imbiss zeigte. Auch er hatte Hunger, und ich bestand darauf, ihn auf das Kamelfleisch einzuladen. So saßen wir da, betrachteten die Spieße auf dem Kohlegrill und warteten. »Und wie schmeckt Kamel?«, wollte ich von ihm wissen. »Noch nie gegessen, keine Ahnung«, antwortete er. Bisher hatte er offensichtlich in seiner Stadt noch keinen gefunden, der dazu bereit gewesen war. Mittlerweile weiß ich, dass diese klugen Leute nichts verpasst haben.

Die komplexeren Traditionsgerichte Palästinas finden Sie leider selten in Restaurants. Gegessen wird zu Hause. Dies hat kulturelle und wirtschaftliche Gründe: Viele Familien sind Großfamilien, die Frauen kümmern sich um die Kinder und den Haushalt. Ich kenne viele Palästinenserinnen, die frühmorgens, kaum sind die Kinder in der Schule, mit den Vorbereitungen für das große Abendessen beginnen. Auch ist auswärts essen im Vergleich zum geringen Einkommen Luxus. Somit reduziert sich das Essensangebot häufig auf die besagte Schnellküche.

Einige der traditionellen Hauptspeisen möchte ich Ihnen kurz vorstellen. Auf Platz eins meiner Top-3-Liste steht Waraq Dawali, die ich einmal gemeinsam mit einer Palästinenserin zubereitete. Die wichtigste Zutat ist wie so oft: Geduld. In einem untertassengroßen Weinblatt häufte ich eine kleine Portion Reis mit Hackfleisch an. Ich faltete alles so zusammen, dass es wie eine zu kurz geratene Zigarre aussah. Die richtige Falttechnik ist wichtig, damit die Weinblattzigarre später im Topf mit heißem Wasser nicht auseinanderfällt. Stolz legte ich mein kleines Kunstwerk auf einen großen Teller. Auf dem allerdings kaum noch Platz war. Während ich meinen ersten Waraq Dawali gebaut hatte, hatte meine Mitköchin bereits einen Berg davon aufgeschichtet.

Zu den heißen Waraq Dawali passt wie zu vielen nahöstlichen Gerichten Joghurt. Das gilt besonders für Maqlube, meine Nummer zwei, ein echtes Topferlebnis. Vorgekocht und dann im Topf übereinandergeschichtet werden: Tomaten und Auberginen in Scheiben, Blumenkohl, Hühnchen sowie Reis. Alles köchelt mit reichlich Kräutern und Gewürzen vor sich hin. Wenn sich die Familie um den Esstisch versammelt hat, wird der Topf auf einem silbernen Tablett »umgedreht« – denn das heißt Maqlube übersetzt.

Imsachan, meine Nummer drei, ist fix erklärt: gebackene Hühnchenschenkel auf einem olivenöligen Fladenbrotteig-Zwiebel-Bett mit gerösteten Pinienkernen.

Bei meiner Top-3-Liste lässt es sich nicht verheimlichen: Vegetarier und Veganer haben auf den ersten Blick eine hungrige Reisezeit vor sich. Doch für Israel stimmt das gar nicht. Vegetarische und vegane Imbisse wie Restaurants sind zahlreich vorhanden. Auf den Speisekarten der übrigen finden sich oft ebenso viele vegetarische wie fleischhaltige Gerichte. Keiner muss also aus Verlegenheit nur Beilagen essen. Die Veganerszene ist riesig. Kurzum: Jeder weiß hier, was ein Vegetarier oder ein Veganer ist und isst.

In Palästina ist dem nicht so, und da wird es kompliziert. Natürlich können Sie immer einen Salat bestellen oder den Koch bitten, Ihnen Gemüse mit Pasta oder Reis zuzubereiten. Anhand dieser Beispiele erahnen Sie jedoch schon die eingeschränkte Auswahl.

Außerhalb von Ramallah sind Vegetarier nahezu unbekannte Wesen. Und wenn Sie bei jemandem zu Hause zu Gast sind, kann es zu schwierigen Situationen kommen. Fleisch bedeutet Wohlstand. Wenn Sie nun Fleisch nicht essen, so sieht es ein wenig so aus, als ob Sie der Qualität auf dem Teller nicht trauten. Dann sollten Sie ausführlich erklären, wieso Sie keine tierischen Produkte essen wollen.

Mehrmals hörte ich von Vegetariern, wie der Gastgeber bei einer erneuten Einladung alles richtig machen wollte und glücklich verkündete: »Ich habe speziell etwas für dich zubereitet.« Glücklich und auch ein wenig stolz wurde das Essen serviert. Und es war Fisch. Denn man geht davon aus: Der Verzicht auf Fleisch bedeutet nicht, dass man generell keine Tiere isst.

Doch wie kommen Sie nun zu den Traditionsgerichten? Sie müssen sich, wie soeben beim Fischgericht für Vegetarier, einladen lassen. Daran führt kaum ein Weg vorbei. Es sei denn, Sie nehmen sich Zeit und fahren zum »Hosh Yasmin«, zehn Taximinuten von Bethlehems Stadtzentrum entfernt. Die kleine Gaststätte inmitten der hügeligen Landschaft bietet täglich wechselnde Gerichte an, und zwar solche, die allabendlich in den Familien gegessen werden. Solche Orte gibt es viel zu wenig, und kaum einer kann sich über mehrere Jahre lang halten.

Zu einer echten Familieneinladung kommen Sie recht schnell. Wenn Sie, im Sammeltaxi sitzend, dem Nachbarn von Ihrer verzweifelten Suche nach Maqlube, Waraq Dawali oder Imsachan berichten, wird er Sie vielleicht nicht gleich einladen, doch Sie werden zum Sammeltaxi-Gespräch. Und am Ende einer zweistündigen Fahrt von Ramallah nach Jenin, auf der man in der Westbank immer etwas gemeinsam erlebt, steigt die Wahrscheinlichkeit für eine Einladung. Jemand im Taxi hat längst bei sich zu Hause angerufen, wo man nun einen Gast aus dem Ausland zum Essen erwartet. Jetzt heißt es spontan sein und zusagen.

Während des Ramadan ist es besonders leicht, zu einer Einladung zu kommen. Einen Monat lang essen und trinken die Fastenden von Sonnenaufgang bis Sonnenuntergang nichts – kein Krümelchen Brot, keinen Schluck Wasser. Doch zum abendlichen Fastenbrechen wird groß und vielseitig zu Hause aufgetischt, und sehr gern werden Fremde dazu eingeladen. Wenn Sie dabei sind, bringen Sie als Gast eine Familienpackung frische Datteln mit – sie gehören zum Sortiment in jedem größeren Lebensmittelladen.

Wundern Sie sich nicht, wenn vor dem abendlichen Fastenbrechen und währenddessen keiner mit Ihnen spricht. Es ist sehr ruhig, die Konzentration liegt darauf, Dinge nachzuholen, die man tagsüber nicht durfte. Nach dem Essen wird Ihnen eine Zigarette angeboten, die Sie ablehnen dürfen.

Sie bekommen Tee, der nicht abgelehnt werden darf, und es ist Zeit für Gespräche. Die Ramadan-Nächte sind lang, kein Wunder, arbeiten doch viele eher nachts als am Tag. So lange es dunkel ist, darf schließlich gegessen und getrunken werden.

Meine palästinensischen Arbeitskollegen erreiche ich während des Ramadan selten vor der Mittagszeit, und dann auch nicht in bester Laune. Auch Sie als Reisender müssen während des Ramadan Einschränkungen in Kauf nehmen – nicht nur was die Stimmungslage der Fastenden betrifft. So haben viele Geschäfte vormittags geschlossen, und Restaurants und Cafés öffnen erst nach Sonnenuntergang, pünktlich zum Fastenbrechen. Kurz davor bilden sich bei den Bäckereien lange Schlangen, weil viele das ofenwarme Fladenbrot mit nach Hause nehmen wollen.

Bei längeren Reisen werden Sie auf andere Art Palästinenser kennenlernen, und es wird sich viel natürlicher ergeben als im Taxi-Szenario. In Palästina ist es gern gesehen, wenn Sie zu solchen Einladungen – wie viele der Einheimischen auch – konservativ gekleidet sind: Männer mit Hemd und langer Hose, Frauen mit bedeckten Armen und Beinen. Bei mitreisenden Kleinkindern spielt das alles keine Rolle, die können tragen, was sie wollen.

Bringen Sie eine riesige Süßigkeitenschachtel oder die erwähnten Datteln mit. Sie finden Großfamilienpackungen mit Riegeln, Pralinen oder Keksen überall im Land. Kaufen Sie vor Ort, sind Sie zugleich sicher: Das Geschenk ist auch »halal«. Ich packe für solche Anlässe Magnete mit dem Brandenburger Tor, Schloss Neuschwanstein oder ähnlichen Touristenmotiven ins Reisegepäck – alternativ machen die sich auch hübsch in einer Schneekugel. Sie ist gut zu transportieren und schmilzt bei der Hitze nicht.

Doch das Wichtigste, das Sie zu einer Einladung mitbringen müssen: sehr viel Hunger. Bei traditionell lebenden Familien gibt es eine klare Menüfolge. Anfangs werden Ihnen Tee und Kekse serviert. Die Kekse dürfen Sie getrost liegen lassen, den Tee – Sie kennen das bereits – nicht. Im Anschluss folgt der Obstteller mit Äpfeln, Orangen, Bananen. Ein Messer liegt bereit; wenn Sie nichts probieren, wird Ihr Gastgeber für Sie extra große Stücke schneiden und sie Ihnen reichen. Wenn erste Sättigungsgefühle auftreten, werden Sie vom Wohnzimmer zum Esstisch geführt. Berge von Essen erwarten Sie dort, weil die überbordende Menge von großer Bedeutung ist. Sie ist Teil der Gastfreundschaft und soll zeigen, dass in diesem traditionell geführten Haus Wohlstand herrscht. Sobald Ihr Teller nur noch halb voll ist, wird er wieder aufgefüllt. Das Spiel ist nicht zu gewinnen. Sie bekommen ihn wirklich nie leer.

Unglücklich schaute mich bei einer Einladung immer wieder die Gastgeberin an, ihr Blick sagte: »Wieso nur vier Portionen? Hat es nicht geschmeckt?« Erst meine Lobeshymnen auf das beste Essen der Welt, nein, des Universums überhaupt, sorgten für ein zufriedenes Lächeln. Ausgefallene Nachspeisen sind bei solchen traditionellen Einladungen selten – gut für den vollen Magen.

Doch Zeit zu gehen, ist es erst, wenn nach der Rückkehr zum Sofa und weiteren Gesprächen der Kaffee serviert wird. Es ist der gemeinsame Abschiedstrunk, bevor man nach Hause rollt. Dieser Ablauf ist bei Christen wie Muslimen gleich. Bei christlichen Palästinensern wird manchmal zum Essen statt sehr süßer Säfte oder Cola und Sprite lieber ein Glas Arak auf Eis serviert – hochprozentiger Anisschnaps.

Natürlich gibt es auch die nicht traditionell lebenden Familien. Da arbeitet die Frau tagsüber wie ihr Mann auswärts. Doch die Hausarbeit und das Kochen bleiben in vielen Fällen Frauensache. Ich kenne mehrere Palästinenserinnen, die das Dreifache verdienen wie ihre Ehemänner und von denen dennoch erwartet wird, traditionelle Gerichte zuzubereiten und sich um die Kinder zu kümmern. Nicht selten sind es zudem Schwiegereltern und eigene Eltern, die von der erwachsenen Tochter all das erwarten. Die moderne Familie in der zweiten oder dritten Generation gibt es so gut wie noch nicht. Doch das ist nur eine Frage der Zeit.

In Israel verhält es sich anders mit der Einladungskultur. Natürlich ist sie nicht so drastisch unterkühlt wie in Deutschland, doch etwas zurückhaltender als in Palästina. Fremde werden nicht sofort zu sich nach Hause eingeladen, das dauert manchmal einige Gespräche oder Treffen. Und das alltägliche Kochen opulenter Mahlzeiten findet eher bei ultraorthodoxen Familien statt – weil hier die Frauen die Hausfrauen sind. Ansonsten arbeiten Frauen wie Männer, gegessen wird oft auch im Restaurant mit der Familie oder den Kollegen.

Für den Restaurantbesuch wird gern Geld ausgegeben, und daher ist die von Einwanderern aus aller Welt geprägte gastronomische Vielfalt enorm. An der Bar zu sitzen und zu essen ist angesichts der überfüllten Räume üblich und macht mir am meisten Spaß. Viele Barkeeper kennen sich besser mit den Speisen und Weinen auf der Karte aus als die häufig wechselnde und schlecht bezahlte Bedienung. Mit Kindern ist die Bar natürlich kein guter Platz, doch sind Restaurants sehr kinderfreundlich. In solchen Fällen lohnt es sich zu reservieren.

Mit unseren Kindern besuchten wir auch gern die landesweiten Filialen der Kette »Café Café«. Der koffeinlastige Name täuscht, das Speiseangebot ist groß, vieles wird frisch zubereitet, und manche Filialen haben sogar eine eigene Spielecke. Toll ist natürlich das Rauchverbot in Israel, davon ist Palästina allerdings noch sehr weit entfernt: An den schönsten Orten sitzen Sie dort mit Ihren Kleinen leider im Dampf von Zigaretten und Wasserpfeifen. Und eine Wasserpfeife soll die Gesundheit mehr schädigen als ein paar Dutzend Zigaretten. Die gesellschaftliche Akzeptanz des Rauchens ähnelt in etwa der unseren vor noch nicht allzu langer Zeit, als verrauchte Züge, Hotelzimmer und Gaststätten normal waren.

Wie dem auch sei, Zeit für eine Wasserpfeife. Am besten schmeckt sie im Freien, auf der Terrasse eines Cafés oder spontan bei neuen Freunden auf dem Flachdach oder unter dem Olivenbaum im Garten. Jeder Atemzug bringt die Wasserpfeife zum Blubbern und lässt die Kohle, die den beliebten Apfel- oder Kirschtabak erhitzt, auf der Aluminiumfolie aufglühen. Der Schlauch wird nach drei, vier gemütlichen Zügen an den Sitznachbar weitergereicht.

Das Pendant zur Wasserpfeife in Palästina ist in Tel Aviv der Joint. Der süße Geruch räuchert die beliebten Ausgehstraßen spätabendlich ein. Der Schwarzmarkt blüht. »Rauchen denn hier alle Gras?«, fragte ich einen befreundeten Tel Aviver auf unserem abendlichen Spaziergang zur Bar. »Nein!«, antwortete er erregt. »Ich rauche zum Beispiel nur am Wochenende.« Das war doch keine Antwort auf meine Frage, denken Sie? Sehe ich genauso.

In Jerusalem und Tel Aviv finden Sie um die großen Märkte verschiedenste Lokale. In der Mittelmeerstadt lässt sich beispielsweise im jemenitischen Viertel authentisch und rustikal speisen. An einem Ort, der wie viele nicht größer als eine Garage für ein, zwei Autos ist, zeigen Schwarz-Weiß-Fotos vermutlich aus den späten Vierzigerjahren jüdische

Einwanderer im Zeltlager. So wie sich eine gute Tapasbar in Spanien dadurch auszeichnet, dass der Boden mit Essensresten und Servietten übersät ist, so kleben hier die klebrigen Plastikmöbel am klebrigen Boden und schmatzen uns leise zu: Hier ist viel los, und das hat seinen Grund. Serviert wird Musaka – gefüllte Auberginen, umrahmt von Reis mit Linsen und gehackten Zwiebeln, an der Seite eine kleine Mezze-Auswahl.

Bei israelischen Familien zu Hause erlebte ich das alltägliche Essen wie wohl auch in Deutschland kaum traditionell: Pizzen, Nudelgerichte, Schnitzel (allerdings mit Hühnchenbrust), wenn Fisch, dann häufig gebratener Lachs, paniert für die Kinder. Dazu reichlich Obst und Gemüse, oft die ein oder andere Mezze-Variation und sehr oft Joghurt oder Hummus mit Fladenbrot.

Wenn Sie in Israel eingeladen werden, dann vielleicht zum Schabbat. Was es da zu beachten und zu erleben gibt, hängt davon ab, wie traditionell und wie religiös der siebte Tag der Woche begangen wird. Der statistisch wahrscheinlichste Fall: Es handelt sich um nicht orthodoxe Juden, die sich weitestgehend koscher ernähren und für die der Schabbat eine arbeitsfreie Zeit ist, die sie mit ihrer Familie gestalten wollen. In diesem Fall können Sie eine gute Flasche Wein aus dem israelischen Supermarkt mitbringen, der ist immer koscher. Meine etwas kitschigen Magnete und Schneekugeln sind jetzt auch in den Augen der Gastgeber etwas kitschig, doch wird man ihnen nicht böse sein, man kann daraus einen Spaß machen. Genießen Sie den Abend!

Wenn die Familie religiös ist, so müssen Sie sich nicht anders verhalten, jedoch werden Sie mehr von der jüdischen Tradition des Schabbat erfahren. Gebete werden eine Rolle spielen, der Tisch wird anders gestaltet sein, die Kinder werden nicht nach dem Essen zum Fernseher stürmen oder Computer spielen – allein weil am Schabbat die Unterhaltungselektronik ausgeschaltet bleibt. Daran ändert übrigens auch eine Fußballweltmeisterschaft nichts.

Bei einer WM besuchte ich religiöse Freunde. Ein sportbegeisterter, nicht jüdischer Freund reiste mit und hoffte auf ein Wunder: Es war Schabbat, und er wollte das Viertelfinalspiel Deutschland gegen Argentinien sehen. Unsere Gastgeber hatten dafür Verständnis und ließen uns im Wohnzimmer von verreisten Verwandten fernsehen. Allein, versteht sich, doch war es keine selbstlose Geste. Wir dienten für die religiösen Fußballfans als Sportreporter – keiner von ihnen durfte dem Spiel per Radio, Internet oder Fernsehen folgen, es war ja Schabbat. Während des Elfmeterschießens lehnte sich ein Jugendlicher an den Türrahmen und schaute zu uns, nicht zum Fernseher, der weniger als eine Armlänge neben ihm flimmerte. »Und?«, fragte er. Wir gaben den Spielstand durch, er meldete ihn an die anderen Fußballfans weiter.

Wenn Sie bei Religiösen zu Gast sind, wird es vermutlich ein Wohnviertel sein, in dem mehrere Religiöse leben. Draußen ist es sehr ruhig, weil niemand mit dem Auto fährt. Mir kamen ultraorthodoxe Juden zu Fuß auch schon auf der Autobahn entgegen. Da sie am Schabbat keine Verkehrsmittel nutzen, gelangen sie auf diese Weise am schnellsten von Ort zu Ort.

Das Essen wird vor Beginn des Schabbat zubereitet, da Kochen am Schabbat untersagt ist. Ein bereits wegen dieser Tatsache sehr praktisches Gericht ist der Tschulent. Für diesen Eintopf gibt es so viele Rezepte wie Familien. Vor sich hin dampfend, verändert er seinen Geschmack von Stunde zu Stunde. Dazu passt wie zu fast allem das süßliche Challa, wie das Schabbat-Brot in Zopfform genannt wird.

Die Steigerung einer Einladung bei einer religiösen Familie ist eine Einladung einer ultraorthodoxen Familie. Die werden Sie aber kaum erhalten, weil diese Familien unter sich bleiben und es schwer ist, Zugang zu ihnen zu finden. Sie leben in ultrareligiösen Nachbarschaften, häufig sperrt die Polizei die Zugangswege am Schabbat sogar ab. Damit beschützt sie vor allem Autofahrer, die nichts ahnend durch das Viertel wollen. Von Sitzblockaden Protestierender bis hin zu umgekippten Mülltonnen auf der Fahrbahn sah ich in solchen Gebieten schon einiges – leider nahmen nicht alle Taxifahrer Rücksicht auf die Befindlichkeiten und fuhren durch diese Viertel. Mein Protest war sinnlos – was sich ein israelischer Taxifahrer in den Kopf gesetzt hat, das zieht er durch.

Dennoch, vielleicht haben Sie Glück und werden zum Schabbat von Ultraorthodoxen eingeladen. In Jerusalem fragte ich einen solchen Juden nach möglichen Gastgeschenken. Er grübelte lang. Die strenge Auslegung aller religiösen Schriften macht es schwierig. Essen oder Trinken muss nicht nur koscher sein, auch das Zertifikat muss stimmen. Und das brachte den ultrareligiösen Juden so zum Nachdenken. Seine Antwort war schlussendlich eine Gegenfrage: »Wieso muss es ein Geschenk sein?«

Wer, zurück in der Heimat, all die Leckereien selbst einmal kochen möchte, hat verschiedene Möglichkeiten. Die Rezeptliste ist lang – und die Nahost-Küche hat zu vielen Kochbüchern inspiriert, die auf Deutsch vorliegen. Wer in Israel oder Palästina kochen lernen möchte, kann sich am besten bei Einladungen durchfragen. Kochkurse für Ausländer von Berufsköchen finden Sie in Palästina nicht. In Israel bieten hingegen viele der großen Köche auch Seminare an, es gibt eigene Kochschulen und und und …

Ich empfehle Ihnen daher etwas anderes. Wenn Sie gern kochen, schauen Sie sich die Rezeptbücher unbedingt vor der Reise an. Ein Blick auf die Zutatenliste zeigt schnell, was Sie zu Hause nicht finden. Vielleicht Safran, Kurkuma, armlange Zimtstangen, gemahlener Kardamom, ein spezielles Sesamöl ... Vieles davon verkaufen orientalische Supermärkte oder vielleicht auch große Lebensmittelgeschäfte bei Ihnen um die Ecke, doch längst nicht in der Qualität, wie Sie die Produkte in Israel und Palästina finden.

Das bestätigt auch Tom Franz. Der Starkoch bringt aus Israel für seine Auftritte in Deutschland stets Gewürze und Tahine mit. Tahine ist eine Sesampaste, die es mittlerweile auch in deutsche Regale geschafft hat. Aber eben nicht mit dem Geschmack, wie sie die israelische hat. Tom Franz vermutet einen anderen Sesam, eine andere Mühle, einen ungünstigen Röstgrad, doch er rätselt noch immer: »Vielleicht haben sie in Israel auch einfach Inhaltsstoffe, die sie dort nicht deklarieren müssen.« Kurzum: Kaufen Sie auf jeden Fall Sesampaste ein. Und wenn Sie gleich dabei sind, sehr gut macht sich auch das Olivenöl. Die in Israel und Palästina gekauften Zutaten sehen sowieso sehr originell aus, sofern nur auf Hebräisch oder Arabisch draufsteht, was drin ist.

Eines meiner Lieblingsgerichte zum schnellen Selberkochen steht in fast allen Nahost-Kochbüchern: Schakschuka. Es kommt ursprünglich aus Tunesien, zumindest sagen das viele. Wobei ich Schakschuka unter anderem Namen zum Frühstück im Iran kennen- und schätzen lernte. Bezeichnen wir es in Anlehnung an Tom Franz einfach als »erweiterte Regionalküche«.

Zu Schakschuka braucht es nur Tomaten, Zwiebeln, Knoblauch, Eier, Petersilie und zur Abrundung das ein oder andere Gewürz. Das sämig vor sich hin blubbernde Gericht ist ein tolles Frühstück, wird in Israel aber Tag und Nacht mit einem Korb voll warmen Brot serviert. Längst kein Geheimtipp mehr, sondern vielmehr die Schackschuka-Instanz ist das Lokal »Dr. Schakschuka« in Jaffa. Die Familie des Inhabers brachte das Rezept übrigens nicht aus Tunesien mit, auch nicht aus dem Iran, sondern aus Libyen.

Frühstück ist eher in Israel ein umfassendes Thema. In Palästina besteht die erste Mahlzeit des Tages aus den bereits erwähnten Speisen in verschiedenen Variationen. Oft Hummus im Fladenbrot oder Falafel im Fladenbrot oder Hummus und Falafel im Fladenbrot. Im Mittelklassehotel erwartet Sie aber auch ein Frühstück aus Marmelade, Honig, Rührei, einer kleinen Auswahl an Obst, Gemüse, Käse und Wurst, alles in einer »halal«-Version.

Das israelische Frühstück – so benannt, ist es auch auf der Speisekarte anzutreffen – besteht in vielen Fällen aus Rührei mit Kräutern, einem Tomaten-Gurken-Salat, einer Portion püriertem Thunfisch als Aufstrich, der erwähnten Sesampaste, Joghurt, Marmelade, und wenn Käse, dann häufig Feta. Meistens ist das Frühstück mit Kaffee nach Wahl und einem frisch gepressten Orangensaft von morgens bis abends im Angebot. Manchmal lockt noch ein Streifen Halva vom Rand des Tellers, ein Dessert aus Sesam, reichlich Zucker und Aromen, häufig mit Pistazien.

Wenn Sie in Israel das Frühstück bestellen, und sei es eben auch als leichtes Mittag- oder Abendessen, so sollten Sie die Nachspeise in Palästina ordern, das sogenannte Helwiat, Arabisch für »Süßes«. Vieles entdeckt man in orientalischen Imbissen auch in Deutschland. Nirgends fand ich jedoch so ein saftig süßes und frisch zubereitetes Knäfe wie in Palästina – und das, obwohl ich viele Jahre mit großer Freude in

Berlin-Neukölln lebte. Knäfe ist über der Gasflamme des Herds geschmolzener Ziegenkäse mit einem Deckel aus knusprigen Teigfäden, übergossen mit Sirup, bestreut mit Pistazien. Das ergibt geschätzte zwei Millionen Kalorien pro Löffel – und es ist ein kleiner Löffel.

Süßwarenbäckereien finden Sie in allen größeren Städten Palästinas, und falls nicht, fragen Sie sich mit Knäfe durch. Bestellen Sie sich einen kleinen Teller davon und genießen Sie es gleich vor Ort. Dazu wird ein Metallkrug mit Wasser gereicht, und das verlangt Ihr Gaumen nach den ersten Bissen auch zur Neutralisierung. Wenn Sie lieber mitgebrachtes Wasser aus der Flasche trinken, ist Ihnen keiner böse an so einem Ort.

Ungesüßter Kaffee oder Schwarztee passen als bitteres Kontrastprogramm zu den arabischen Süßspeisen, deren Vielfalt ein Kapitel für sich beanspruchen würde. Probieren Sie sich durch die Auslage. Ein Unterschied macht sich da in Preis und Qualität bemerkbar. Oft werden die Backwaren mit Zuckersirup übergossen, der dann so lange auf dem Blech bleibt, bis der Teig alles aufgesaugt hat. Das macht das Essen nicht nur kalorienreicher, sondern auch schwerer und somit teurer, weil nach Gramm abgerechnet wird.

Manche bieten die syrische Variante an, da wird das Blech nach kurzer Zeit leicht gekippt, sodass der Sirup wieder abfließen kann. Zugleich sind die Backwaren – und daran kann man die syrischen Teilchen erkennen – filigraner, ja fast schon eine Miniatur ihrer kalorienreichen palästinensischen Geschwister auf dem Blech nebenan.

Der Trend zur gesünderen Variante – von wirklich gesund kann natürlich nie die Rede sein – ist daran erkennbar, wo die Reisebusse der Touristen halten. Also weniger in der Knäfe-Hochburg Nablus im Norden Palästinas, sondern vielmehr in Orten wie Jerusalem oder Nazareth. Dort stehen auch die aus Italien importierten Siebträger-Kaffeemaschinen, denn der bittere arabische Kaffee ist nicht jedermanns Sache.

Probieren sollten Sie ihn natürlich einmal, manche werden sogar süchtig nach ihm. Die Zubereitung ist Kulturgut. Kaffeebohnen werden mit einigen Kapseln Kardamom gemahlen, das Wasser wird in der Blechkanne mit diesem Pulver mehrmals aufgekocht, bevor der Kaffee in kleinen Tassen serviert wird. Der Kaffeesatz senkt sich zum Boden ab.

Ein Wort zum Zucker ist an dieser Stelle lebenswichtig. Bestellen Sie Kaffee wie Tee immer »ohne Zucker«, auf Arabisch »bidun sukkar«. Denn »ma sukkar«, also »mit Zucker«, bedeutet mit unglaublich viel Zucker. Ein kleines Espressotässchen kann da schon mal bis zu einem Drittel mit den süßen Kristallen aufgefüllt werden. Sagen Sie auch nicht »schwai sukkar«, »ein wenig Zucker«. Denn das bedeutet immer noch zu viel Zucker. Sagen Sie »ahwe säder«, das heißt »Kaffee ohne Zucker«. Sowieso wird Ihnen der Zuckerbecher zum Tee oder Kaffee gestellt, denn »ohne Zucker« glaubt Ihnen so schnell keiner.

Wie die krümeligen weißen Kohlenhydrate gehört auch der Schwarzteebeutel vielerorts zum Tee. Wenn Sie einen frischen Minztee bestellen, hängt das Beutelchen schon strebsam im Becher und färbt das Wasser dunkel ein. Wollen Sie einen frischen Tee ohne Beutel, bestellen Sie einen Tee ohne Tee. »Schai ma nana, bidun schai« heißt zum Beispiel »Tee mit Minze ohne Tee«. Klingt seltsam, funktioniert wunderbar.

Sollten Sie von Heißgetränken genug haben, lassen Sie uns über Wein sprechen. Zunächst den israelischen, da gibt es viel zu sagen. In diesem kleinen Land stehen rund 300 Weingüter, die meisten von ihnen sind Boutique-Kellereien mit geringer Produktionsmenge. Trauben werden von den Bergen im Norden bis zur Wüstenlandschaft im Süden angebaut. Der Rotwein fällt bei der Verkostung dadurch auf, dass er etwas dunkler, kräftiger und alkoholhaltiger ist als die bei uns handelsüblichen Weine gleicher Rebsorte.

Über die Vor- und Nachteile lässt sich wundervoll mit den Winzern philosophieren. Die Besichtigung eines Weingutes lohnt sich; die großen bieten nahezu täglich Führungen an. Wer die Traubenpressen sehen will, die bis zu 60 000 Liter fassenden Tanks, die Hallen mit den französischen Eichenfässern, der muss sich vorab nur telefonisch oder über die Internetseite anmelden.

So lernte ich auch Reut Noy kennen. Die Israelin arbeitet für Tabor, ein keine halbe Stunde vom See Genezareth entferntes Weingut. Vier Familien gründeten es Ende der Neunzigerjahre. Inzwischen gehört das Unternehmen mehrheitlich dem Konzern, der in Israel auch Coca Cola produziert, und stellt über zwanzig Sorten koscheren Wein her.

Koscher bedeutet in Bezug auf Wein unter anderem: Der nicht religiöse Mitarbeiterstab, zu dem auch Reut Noy gehört, darf die Weinflasche nicht berühren, bevor sie gekorkt ist. »Sonst muss die Flasche weggeschmissen werden«, sagt sie.

Das gilt auch für den Geschäftsführer Oren Sela. »Wie ist es, wenn man seine eigene Weinflasche während der Produktion nicht anfassen darf?«, frage ich ihn.

»Das ist kein Problem«, erklärt er mir ruhig lächelnd. »Man gewöhnt sich daran.«

Ein echtes Problem, mit dem die großen wie kleinen Anbauer kämpfen müssen, ist der heimische Weinkonsum. Während wir vor der Korkmaschine am Fließband stehen, klagt Reut Noy: »Wir haben in Israel eine große Weinbaukultur. Doch leider keine Weintrinkerkultur.«

»Auch in Deutschland wird weit mehr Bier getrunken«, erwidere ich. Und denke an Hessen, das einzige Bundesland, in dem es andersherum ist.

»In Mode sind bei uns süße Wein- und Sektsorten.«

»Die kauft man in Deutschland eher, wenn man sich schnell einen antrinken will.«

»In Israel leider auch.«

Auch die israelische Brauereivielfalt ist enorm, und wer sich durchprobieren möchte, ohne alles zu bereisen, der findet eine große Auswahl vor allem in den Tel Aviver Bars. Lagerbier, Pilsener, Weizen, Belgisches, Porter und sogar Rauchbier. Überall präsent sind die Marken Goldstar und Maccabbee. Sie werden in Israel von dem Konzern gebraut, der auch Pepsi verkauft und zu über einem Drittel zu Heineken gehört. Selbst palästinensisches Bier ist manchmal auf der israelischen Getränkekarte zu finden.

Mitten im Gespräch mit den israelischen Weinproduzenten von Tabor fällt mir die palästinensische Brauerei Taybeh ein. Kein Wunder, denn zum einen besitzt die Braumeisterfamilie auch ein Weingut. Zum anderen lagern – von meinem letzten Besuch dort – noch zwei Weinflaschen im Wagen. Und der parkt vor der Tür von Tabor.

Ich berichte Oren Sela vom Weingut auf der anderen Seite der Grenze. Die palästinensische Weinbaukonkurrenz ist überschaubar und keine wirkliche Konkurrenz. Eine Handvoll Weingüter versuchen ihr Glück, manche hoffen mit sehr anspruchsvollen Weinen auf den Verkauf in Israel oder setzen mit ihren Logos auf die anreisenden Pilger.

Der Tabor-Chef hat von dem Weingut im palästinensischen Taybeh noch nie gehört.

»Und Sie haben zwei Flaschen im Auto?«, fragt er nach. Ich nicke.

»Dann lassen Sie uns doch mal eine probieren«, schlägt er vor.

Fünf Minuten später sitzen zwei Verkoster des Weingutes neben Oren Sela und mir. In unseren Gläsern ein 2013er Merlot aus Palästina. »Wein aus Ramallah«, sagt einer der Mitarbeiter trotzig und geografisch nicht korrekt. Taybeh liegt dreißig Autominuten von Ramallah entfernt. Ungläubig schüttelt der Verkoster den Kopf.

Sein Chef lässt keine Diskussionen zu, er will keine politische Debatte, sondern endlich den Wein von nebenan probieren. Wir schwenken die Gläser, betrachten das dunkle Violett, riechen das Aroma und probieren den Tropfen. Der Merlot bekommt gute Noten von den Tabor-Leuten. Auch der Preis stimmt ihrer Meinung nach. Oren Sela will den jungen Weinbauer aus Palästina einladen. Reut Noy ist ebenfalls von der Idee begeistert. »Darf er doch nicht«, erinnere ich beide an das Reiseverbot und somit an den Konflikt. An solchen idyllischen Orten erscheint er unendlich weit weg.

Nun muss ich irgendwann in umgekehrter Richtung eine Flasche Wein aus Tabor über die Grenze bringen. Und irgendwie werden sie schon einmal zusammenkommen, Oren Sela und der junge palästinensische Weinbauer Canaan Khoury.

In Taybeh mussten sie schon ganz andere Dinge meistern. Nahezu alles müssen die Brauereibesitzer über Israel importieren: Irgendwie erhalten sie das Malz und die Hefe aus Belgien, irgendwie den Hopfen aus Deutschland, irgendwie die Flaschen aus Portugal. Und dann stellen sie auch noch irgendwie Alkohol als christliche Minderheit im überwiegend muslimischen Palästina her. Da werden sie das mit dem Besuch in Israel wohl irgendwie hinbekommen.

In Ramallah und in Bethlehem wird übrigens das stärkste Destillat Palästinas hergestellt, der bereits erwähnte Anisschnaps Arak. Er wird gern mit Wasser und einem Eiswürfel serviert. Natürlich gibt es auch israelischen Arak – wie Wein und Bier wird er landesweit produziert. In israelischen Bars ist eher die Shot-Variante beliebt. Arak ist dort billiger als Wodka oder Tequila, gern experimentieren die israelischen Barkeeper in ihren Cocktails damit. Eine Mojito-Variation sieht so aus: frisch gepresster Granatapfelsaft, Zitrone, Minze, Rohrzucker und israelischer Arak statt kubanischen Rums.

Eine seltene Einigkeit herrscht unter israelischen und palästinensischen Fachleuten bei der Strategie zur Vermeidung eines Katers. Canaan Khoury, der Weinbauer aus Palästina, empfiehlt: »Einen Liter Wasser vor dem Einschlafen.« Die israelische Weinkennerin Reut Noy: »Wasser. Viel Wasser.« Aus dem Verkaufsraum des Weingutes ruft uns eine ihrer Kolleginnen zu: »Und vor dem Trinken viel Pita!« So wird das weiche Fladenbrot aus Weizenmehl genannt. Da würde vielleicht auch Canaan Khoury zustimmen, nur würde er es nicht Pita, sondern auf Arabisch Chubis nennen.

Und wer hat nun das beste Fladenbrot? Beide natürlich.

# In die »Hauptstädte« oder dorthin, wo sich Skorpione und Schlangen Gute Nacht sagen?

Beginnen wir mit einem Skandal! In diesem Kapitel nenne ich Tel Aviv und Ramallah »Hauptstädte«. Wie kann das sein, ist doch offiziell Jerusalem die Hauptstadt Israels. Und will doch die palästinensische Regierung diese Stadt ebenso zum politischen Zentrum ernennen, irgendwann, in einem rundum funktionierenden Staat Palästina. Oder wie es auf Arabisch heißt, »bukra fil mischmisch«, was frei übersetzt »morgen gibt es Aprikosen« bedeutet, gemeint ist: vermutlich nie.

De facto stehen die Gebäude der palästinensischen Ministerien in Ramallah. De facto sitzen dort in ihren Büros die Abgeordneten, die Minister, der Präsident und der Premier. De facto geben die Politiker dort ihre Pressekonferenzen. De facto sind dort die Arafat-Gedenkstätte und ein neuer Palast für Staatsgäste aus aller Welt errichtet. Fakten genug, die Dinge beim Namen zu nennen: Ramallah ist die eigentliche Hauptstadt Palästinas, und daran wird sich so schnell nichts ändern.

Als Besucher der Stadt sehen Sie jedoch schnell, dass die Infrastruktur für all die Aufgaben einer Hauptstadt nicht ausgelegt ist. Wenn der Präsident zur Arbeit fährt, entstehen noch mehr Staus als sonst. Bei besonders wichtigen Staatsgästen muss die Innenstadt abgeriegelt werden. Sie wächst viel zu schnell, alles steht dicht an dicht, und das offensichtlich ohne Bebauungsplan.

Kaum vorstellbar, wie der Ort im 16. Jahrhundert aussah, als ihn arabische Christen gründeten. Sein Name setzt sich aus den Wörtern »Ram« für »Höhe« und Allah zusammen, die »Höhe Allahs«. Die Stadt liegt auf rund 900 Metern über dem Meeresspiegel, ist heute allerdings alles andere als ein Luftkurort. Wer es sich in Palästina leisten kann, der meidet das Zentrum, sucht für sich und seine Familie eine ruhige, geräumige Wohnung in einer der Trabantenstädte und pendelt von dort zur Arbeit.

Tel Aviv ist Hebräisch für »Frühlingshügel«. Die Stadt, 1909 gegründet, liegt fünfzig Kilometer Luftlinie von Ramallah entfernt. Wenn Sie mit dem Leihwagen die Strecke zurücklegen, brauchen Sie von der Höhe Allahs etwa eine Stunde bis zum Sandstrand am Frühlingshügel. Erzählen Sie den Palästinensern nicht allzu ausführlich von Ihrem Strandbesuch, die wenigsten haben eine israelische Erlaubnis, diese Fahrt anzutreten. Ohne Auto müssen Sie über den Kontrollpunkt von Qalandia den Bus nehmen, erst nach Jerusalem, von da weiter nach Tel Aviv. Das dauert im Schnitt zweieinhalb Stunden.

Apropos Tel Aviv, wieso bezeichne ich Jerusalem nicht als Hauptstadt, wie es die israelische Regierung tut? Jerusalem ist ein Polittheater, ein Erinnerungsmuseum und zu oft ein Ort der Radikalen. Es gibt einen guten politischen Grund, Jerusalem nicht als Hauptstadt zu benennen. Alle wichtigen

Verbündeten Israels würden mir da zustimmen. USA, Russland, Deutschland, Frankreich … die Botschafter dieser Länder arbeiten nicht in Jerusalem, sondern in Tel Aviv. Somit erkennen selbst befreundete Staaten Israels die Eroberung Ost-Jerusalems nach dem 1967er-Krieg nicht an.

Jerusalem ist ein wichtiges Symbol für religiöse, nationalistische und rechte Parteien. Die Klagemauer, das jüdische Quartier der Altstadt, Geschichte und Religion sind hier in Stein gehauen. Das stiftet für viele Identität. »Nächstes Jahr in Jerusalem«, so hieß es bedeutungsvoll zum Pessach bei Juden, die das Fest weit entfernt feierten, als es noch keinen Staat Israel gab. Diese Stadt nun nicht als Hauptstadt zu nutzen? Unvorstellbar in den Augen vieler.

In meiner israelischen Hauptstadt Tel Aviv leben 400 000 Menschen, und im Ballungsraum sind es mehrere Millionen. Hier können Sie alles machen, was man in einer Hauptstadt machen kann. Fangen wir in aller Ruhe mit einem Besuch der herausragenden Museen an.

Wenn Sie nur kurz in Tel Aviv sind, ist das Museum of Art eine tolle Sache. Große Räume, wechselnde Ausstellungen internationaler und israelischer Künstler. Dort gewinnen Sie in zwei Stunden einen ersten Einblick in die Kunstwelt des Landes – davon sollten Sie mindestens eine halbe Stunde für den gut durchdachten Museumsshop einplanen.

In den zwei Cafés lernen Sie wie überall schnell Menschen kennen, und das Eröffnungsthema für ein Gespräch hängt Ihnen quasi direkt vor der Nase – als nicht selten umstrittenes Kunstobjekt an der Wand. Auch Kinder haben einen eigenen Museumsraum mit wechselnden Ausstellungen, die für Erwachsene ebenso spannend sind. Wir schauten uns mit unseren Söhnen im Kinderraum Originalwerke von Andy Warhol an.

In einer Ecke verkleideten wir uns mit weißen Perücken und großen Sonnenbrillen als große und kleine Andys. In einer anderen malten und stempelten wir im Sinne der US-amerikanischen Pop Art… Und was hat das mit Israel zu tun? Alles. Denn typisch für die israelischen Museen ist nicht nur die Einbeziehung von Kindern, sondern auch der entspannte Umgang mit ihnen. Es muss wirklich viel geschehen, bis ein Museumswärter grimmig schauend eingreift.

Zugegeben, nicht in Tel Aviv, sondern doch in Jerusalem steht das Israel Museum, das ich Ihnen ans Herz legen möchte. Es hat eine Sammlung von einer halben Million Objekten zu Kunst und Archäologie und natürlich ein eigenes Kindermuseum samt Werkstätten. Und wenn Sie schon einmal in Jerusalem sind, besuchen Sie doch gleich noch das Museum on the Seam – was man als »Nahtstelle« übersetzen könnte. Das Haus entstand sozusagen an der Grenze, die Israel vor dem Krieg von 1967 von der Westbank und Ostjerusalem trennte, sie standen damals unter jordanischer Verwaltung. In einigen Räumen finden Sie aufrüttelnde zeitgenössische Kunst, die mit Konfliktlinien aller Art zu tun hat.

Auf der Suche nach typisch israelischer Kunst landete ich in Jerusalem schnell bei den typisch israelischen Stereotypen. In den Schaufenstern vieler Galerien sieht man die farbenprächtige Ausschmückung jüdischer Feste in Öl auf Leinwand, die jüdischen Symbole vom Davidstern bis zur Menora, dem siebenarmigen Leuchter. Solche Objekte begegneten mir kaum bei Israelis zu Hause. Es handelt sich vor allem um Touristenware.

Ein guter Grund, wieder nach Tel Aviv zurückzukehren. Dank der zentralen Lage vieler Galerien reicht ein Spaziergang, um einen schnellen Überblick über das zu gewinnen, was an Namen und Stilrichtungen gerade angesagt ist. Gehen

Sie nachmittags – dann haben die Galeristen ausgeschlafen, und Sie treffen öfter auf Künstler – die Ben-Yehuda- und die Gordon-Straße entlang.

In der Galerie Bernard (Ben Yehuda) sehen Sie figurative Malerei. Wer sich für die Schönen Künste begeistert, ist in der Gordon Galerie (dieselbe Straße) gut aufgehoben, sie hat zudem eine Zweigstelle für zeitgenössische Kunst (Natam-Hachacham-Straße). Sehr engagiert ist auch die Galerie Engel (Ben Yehuda). Dieser Familienbetrieb wurde Mitte der 1950er-Jahre zunächst in Jerusalem gegründet. Die Galerie Stern (Gordon) hat mit ihrer engen Verbindung nach London von fast allem etwas und ist eine Instanz in Sachen Restaurierung. Die salzige Mittelmeerluft setzt dem bemalten Papier und den Leinwänden schließlich schwer zu.

Nun ja, vielleicht dauert der Bummel durch die Galerien doch ein bisschen länger als einen Nachmittag.

Mancher eröffnet für die eigenen Werke gleich seine eigene Galerie. So finden Sie in der Ben Yehuda auch David Gersteins Verkaufsraum. Seine Metallschnitte in mediterran bunten Farben sind beliebte Mitbringsel – die nicht limitierten Exemplare kosten auch nicht viel. Als ich zuletzt im Verkaufsraum stand, war der Künstler selbst auf Reisen, seine Tochter führte die Geschäfte.

Vorsichtig versuchte ich mich im Gespräch mit ihr meiner Hauptkritik an Gerstein zu nähern, so sieht doch alles etwas kommerziell und flach aus. Bunte Radfahrer, bunte Männchen und so weiter. Die Tochter sprach von »Leichtigkeit«.

Ich schaute daraufhin wohl recht befremdet.

»Mein Vater ist radikal unpolitisch«, erklärte sie.

»Aber wieso beeinflusst die politische Situation ihn nicht genauso wie die palästinensischen Künstler?«

»Wir leiden nicht unter der Besatzung.«

Auf dem Weg zur nächsten Galerie ärgerte ich mich. »Wie kann man in so einem Land unpolitische Kunst machen?«, ging es mir durch den Kopf. Unter dem Arm trug ich ein Gerstein-Buch, das mir seine Tochter geschenkt hatte. Aber dann erkannte ich, wie widersprüchlich ich die Dinge sah: Kritisierte ich die palästinensischen Theaterleute nicht gerade dafür, immer die eigene politische Situation in den Mittelpunkt zu stellen? Nicht mal etwas sinnfrei Schönes zu machen? Gerstein und all seine Imitatoren haben also doch recht, zumindest nicht minder als ihre härtesten Kritiker. So ist eben Kunst.

Ohnehin haben es auch die etablierten Galeristen in den besagten Straßen nicht leicht. Manche Viertel in Tel Aviv öffnen nach einer längst fälligen Sanierung, bieten neuen Raum und neue Atmosphäre. Das zentral in Tel Aviv gelegene Sarona zum Beispiel, ursprünglich im 19. Jahrhundert von deutschen Templern erbaut, nun angesagt bei Israelis. Mieten können sich an solchen Orten aber nur die leisten, die kommerziell erfolgreich sind. Das muss ja nicht gleich schlecht sein, doch ich bleibe skeptisch bei solchen trendigen Orten, gerade im schnelllebigen und manchmal zu trendigen Tel Aviv. Da verwundert es nicht, dass Jaffa, keine zwanzig Minuten mit dem Auto von Sarona entfernt, immer mehr Kunstbegeisterte in seine großen, unkonventionellen Galerieräume lockt.

Wie sieht es auf palästinensischer Seite aus, in Ramallah? Eine Mischung aus dem Tel Aviver Museum of Art und dem Jerusalemer Israel Museum möchte das Palästinensische Nationalmuseum in der Westbank für Palästina sein. Doch muss es sich erst noch etablieren. Die moderne Architektur der Gebäude lässt hoffen. Die schnörkellosen Fassaden aus

Glas und Stein orientieren sich an den Formen der lokalen Hügellandschaft. Diese wird geprägt von Olivenhainen, die einst auf Terrassen angebaut wurden. So sind die Museumsgebäude wohl auch begehbare Terrassen der Kunst – so weit die Theorie.

Das neue Museum liegt im Städtchen Birzeit neben der Universität, eine Viertelstunde mit dem Taxi von Ramallah entfernt. Der mutige Slogan: »Ein sicherer Platz für unsichere Kunst«. Wie gewagt die Künstler mit ihren Arbeiten sein dürfen, wird sich zeigen. Darf nur das Dauerthema bedient werden, die israelische Besatzung? Oder ist auch Kritik an den eigenen Machthabern erlaubt, an den Missständen in der eigenen Gesellschaft?

Viele bekannte Künstler des Landes wie Hani Zurob leben im Exil. In einem Flüchtlingslager im Gazastreifen geboren, arbeitet er heute in Paris. Seine bewegenden Bilder stehen für mich stellvertretend für ein kleines Kunstdilemma, an dem der Kunstmarkt selbst schuld ist. Immer wieder geht es um Vertreibung, Besatzung, um den Konflikt und das Exil. Doch dafür kann der Künstler am wenigsten etwas. Es ist schlichtweg das, was Kunsthändler, Kunstkäufer und Kuratoren von einem Palästinenser erwarten. Ein wenig ist es wie das geschilderte Dilemma mit der Helferszene.

Das zeigen auch die Exponate in den palästinensischen Ausstellungsräumen. Ob abstrakt oder detailgetreu – militärische Besatzungssymbole und palästinensische Nationalsymbole prägen viele Werke. So fühlte ich mich oft an die Widerstandskunst erinnert, die aufkam, nachdem Israel den Krieg 1967 gewonnen hatte und die israelische Besatzung der Palästinensergebiete ihren Anfang nahm.

Verstehen Sie mich nicht falsch. Es lohnt sich in jedem Fall, die Gallery One in Ramallah zu besuchen, auch um das alles zu sehen und zu verstehen und sich eine eigene Meinung zu bilden. Was immer gerade Rang und Namen hat – und häufig noch in Palästina lebt –, wird dort im Schnitt für 3000 US-Dollar verkauft. Preisgünstig, wenn man bedenkt, dass es sich um Künstler wie Khaled Jarrar handelt, die internationale Erfolge vorweisen können.

Einst einer von Arafats Wachleuten, schießt Jarrar heute mit der Pistole auf Farbtuben – das ist die Kunstbanausen-Kurzfassung. Die vollgespritzten bunten Leinwände verkaufen sich gut, und seine Biografie zu kennen ist wichtig, um die Sache zu verstehen. Jarrar kreierte auch ein palästinensisches Visum. Reine und clevere Provokation. Denn keiner braucht so etwas, weil über Ein- und Ausreise allein Israel entscheidet. Den Beton der Mauer, die Israel vielerorts als Absperrung aufbaut, nutzte der Künstler, um palästinensische Gebrauchsgegenstände zu formen.

Khaled Jarrar und ich arbeiteten über Monate im selben Café in Ramallah Tisch an Tisch. Er kommunizierte mit der Welt über Laptop, Kopfhörer und Webcam. Ich saß da und hackte Monatsberichte, Quartalsberichte und Jahresberichte in die Tasten. Trotz aller Gespräche erinnere ich mich nur an einen Satz von ihm. Er sagte ihn zu viele Male: »Ich warte auf das Visum.« Und die Ausstellung eines Visums lief natürlich auch bei ihm über die israelischen Behörden, sie entschieden, wohin er wann durfte.

Wie jeder Künstler musste er raus aus dem Land, Palästina hinter sich lassen, um zu Ausstellungen und zu Arbeitsaufenthalten ins Ausland zu reisen, um all den Einladungen zu folgen, solange man noch angesagt ist. Manchmal sah ich ihn am Tag der geplanten Abreise immer noch im Café sitzen.

»Hat nicht geklappt?«, fragte ich ihn. Stumm nippte er am Espresso.

»Und jetzt?«

»Ich warte auf das Visum.«

Die weltweit bekannteste Kunst in Palästina finden Sie in keinem Museum und keiner Galerie, sondern an einer grauen, bis zu acht Meter hohen Mauer. Oft sind es Slogans wie »Freedom« oder Abbildungen von Handala, wie das immer von hinten gezeigte Kind heißt, das symbolisch für die palästinensischen Flüchtlinge steht. Erfunden hat diese Figur nach dem 1967er-Krieg der Palästinenser Naji al-Ali. Manchmal finden Sie an der Mauer aber auch hausgroße Gemälde.

Im Buch *Wall and Piece* der Street-Art-Legende Banksy heißt es: Palästina ist das »größte Open-Air-Gefängnis der Welt« und zugleich das »perfekte Ziel für den Aktivurlaub von Graffitikünstlern«. Der Brite hinterließ an der grauen Mauer eine Reihe seiner mit Schablonen angefertigten Graffiti. Das bekannteste Banksy-Werk Palästinas: der Schatten eines kleinen Mädchens, das sich von acht Luftballons über die Mauer fliegen lässt.

Manche Palästinenser kritisieren, solche Bilder machten die hässliche Mauer zu schön. Befürworter hingegen sagen, so sehe die Welt überhaupt, dass es sie gebe. Problemlos können Sie die Mauer, zum Beispiel an Orten wie Bethlehem, an vielen Stellen ablaufen und sich eine eigene Meinung bilden. Neugierige Reisende ist man dort gewöhnt.

Im schlimmsten Fall müssen Sie eine Horde von Ramschverkäufern davon überzeugen, weder bunte Kettchen noch Bändchen, noch Täschchen kaufen zu wollen. Leider ist nur die absolute Verweigerungshaltung erfolgreich. Immer wieder versuchte ich, die Händler glücklich zu machen, indem ich in der Hoffnung, im Preis seien ein paar Minuten Ruhe inbegriffen, ein paar Kleinigkeiten kaufte. Doch das war ein

Irrtum. Wer Kleines kauft, hat auch Geld für Großes. Und wer Geld für Großes hat, der hat auch Geld für die drei anderen Händler, die plötzlich auftauchen. Natürlich halten genau in diesem Augenblick die Taxifahrer, die Sie irgendwo hinfahren wollen. Immerhin könnten Sie mit einem von ihnen vor den Händlern die Flucht ergreifen.

Vom palästinensischen Freilichtmuseum wieder zum israelischen, und da gleich zum größten des Landes: Tel Aviv. In der Stadt wirkten die jüdischen Bauhaus-Architekten, die in den 1930er-Jahren vor den Nazis flüchteten. Die imposantesten Gebäude können Sie sich bei einer Tour zeigen lassen, die freitags beim Bauhaus Center startet. Natürlich geht das auch im Alleingang sehr schön. Beginnen Sie so eine Stadtwanderung in aller Frühe, damit Sie vor der Mittagshitze schon in einem hübschen Café sitzen können.

Für einen Einstieg in den modernen Städtebau empfehle ich Ihnen das Eretz Israel Museum. Es ist auch an sich einen Besuch wert. So lernte ich dort viel über den großen Förderer und Investor des Landes, Baron Edmond Rothschild. Der Brite aus einer Bankiersfamilie kaufte im damaligen Mandatsgebiet Palästina weit vor Israels Staatsgründung viel Land auf und investierte unter anderem in jüdische Landwirtschaftsbetriebe.

Was hat das Museum nun mit modernem Städtebau zu tun? Eigentlich nicht viel, doch es liegt auf einer kleinen Anhöhe, und von dort blicken Sie auf die Skyline der Stadt. Ich zählte von dort zwei Dutzend Kräne, die mit dem Bau neuer Hochhäuser und dem Ausbau bestehender Gebäude beschäftigt waren.

Wenn Sie noch ein wenig Zeit haben für Architektur, schauen Sie sich von außen und besonders innen einen der größten Busbahnhöfe der Welt an. Mitten in Tel Aviv steht dieses Betonmonstrum, das sich dem markanten Baustil Brutalismus zuordnen lässt. Bei jedem Besuch verirrte ich mich im verschachtelten Inneren des Gebäudes. Es ist alles ziemlich klebrig und verbraucht, an manchen Stellen überfüllt, an anderen wieder gähnend leer. Doch der Bahnhof lebt. Und wie.

Hunderte kleine Geschäfte bieten Waren aus aller Welt an. Vor allem für die vielen Arbeitsmigranten aus Südostasien ist das ein wichtiger Ort, um Landsleute zu treffen. Sie kümmern sich in Israel für wenig Geld um die Altenpflege. Und für Flüchtlinge, die keine Bleibe und kein Bleiberecht haben, ist der Busbahnhof eine Möglichkeit, den Tag zu verbringen.

In dem Gebäude gibt es Räume für Konzerte und Gebete, einen Kindergarten, Imbisslokale und tief unten einen riesigen Schutzbunker. Irgendwo angeblich auch Galerien und Buchläden. Kurzum: Ich weiß nicht, was es dort nicht gibt. Der Busbahnhof ist eine Stadt für sich, oder wie mir ein Tel Aviver sagte: »Das ist für mich Israel.« Ein Miniisrael sozusagen. Vielleicht sogar eine Miniwelt.

Shopping ist für viele Israelis und Palästinenser eine der angesagtesten Freizeitaktivitäten überhaupt – nicht nur in Tel Aviv und Ramallah. Die klimatisierten Malls und luftigen Märkte sind beliebt. Einen Meter Sonnenbrillen zum Preis einer Markenbrille, meterhohe Wühltische mit Schwimmkleidung, randvolle Fässer mit eingelegten Oliven … Gibt es alles woanders auch, doch es lohnt sich, diese Orte aufzusuchen. Denn Malls und Märkte zeigen wie überall das alltägliche Leben.

Das müssen Sie sich ansehen. Setzen Sie sich in eine Filiale der Caféketten in der Mall – die in Israel neben »Café Café« bekannteste heißt »Aroma«. Origineller sind natürlich die winzigen Lokale auf den Märkten. Schauen Sie sich in aller Ruhe um. Am Nachbartisch das erste Date, die daneben haben schon das zweite, vor dem Kleiderladen ein Ehestreit, kurz darauf die Versöhnung, zwischen Pommes und Burger nebenan der Kindergeburtstag, ein Ausflug tapferer Eltern mit den pubertierenden Totalverweigerern, Treffen mit den besten Freunden, der Rentnerausflug mit vollen Einkaufstüten. Und Sie sind mittendrin.

Doch die Frage aller Fragen ist ja, was finden Sie wirklich nur in Israel und Palästina und sonst nirgends? In Internetzeiten ist diese Haltung zweifelsohne hoffnungslos romantisch. Denn Sie bekommen alles auch online: das palästinensische Olivenöl, den israelischen Wein, die Datteln, all die Gewürze und getrockneten Früchte. Doch kostet in Israel und Palästina alles einen Bruchteil dessen, was Sie zu Hause bezahlen müssen. Der Transport nach Deutschland hat es natürlich in sich.

Ich bin da ein gebranntes Kind. Eine liebe Kollegin fragte mich einmal nach frischer Minze als Mitbringsel. Die Minze kaufte ich flink auf dem Markt am Tag der Abreise, ließ sie sorgsam in Zeitungspapier einwickeln, transportierte sie vorsichtig im Handgepäck nach Deutschland und überbrachte sie persönlich sowie noch halbwegs frisch am Folgetag. Das ging noch. Außerdem war es ein Freundschaftsdienst.

Etwas, das Sie allerdings wirklich nie machen sollten: in einer Süßwarenbäckerei eine Portion Knáfe als Mitbringsel einkaufen. Das war ein sehnlicher Wunsch meiner Frau, und da hat man bekanntlich keine Wahl. Wenn Sie so etwas tun, dann muss es wahre Liebe sein. Für alles andere bestellen Sie etwas online. Knáfe finden Sie da zugegebenermaßen nicht. Doch sicher alle Zutaten, um es selbst mal auszuprobieren. Und ehrlich gesagt, schmeckt das in vielen türkischen Restaurants Deutschlands servierte Knäfe auch nicht schlecht, selbst wenn es etwas bescheidener in Aufmachung und Fülle ist.

Der Verkäufer in Palästina packte also die warme, feuchte, glibberige Masse in eine Aluschale, die er wiederum vorsichtig in eine Tüte legte, damit nichts überschwappte. »Will ich mit nach Deutschland nehmen«, erklärte ich. Er nickte großväterlich, und sein Blick sagte mir: »Ja, klar doch, nach Deutschland.«

Ich fuhr mit dem Knäfe im Sammeltaxi quer durch die Westbank. Von Ramallah nahm ich einen Bus nach Jerusalem – immer die wackelige Masse behutsam tragend. Von Jerusalem fuhr ich mit dem Taxi, meinem Gepäck und dem Knäfe zum Flughafen nach Tel Aviv. Den Sicherheitscheck überstand die Süßspeise aus Palästina nach einem Sprengstofftest (das macht ein Gerät dort auch regelmäßig mit meinem Laptop). Die Kontrolleure waren bei Mitbringseln offenbar an alles gewöhnt. Ich durfte in den Flieger. In Deutschland gelandet und nach weiteren drei Stunden Zugfahrt, kam ich mit dem Tütchen in der Hand zu Hause an und zauberte ein Lächeln auf das Gesicht meiner Frau, dem der Kommentar folgte: »Also frisch schmeckt Knäfe wirklich besser.«

Nach der Shoppingtour, den Kunstspaziergängen, den Museumsbesuchen und der Architekturrunde fallen Sie erschöpft ins Bett Ihrer Wunschunterkunft in Tel Aviv oder Ramallah. Draußen wummert und brummt die Stadt. Die Sehnsucht nach vollkommener Ruhe wächst. Nach einer endlosen Weite ohne all die vielen Menschen. Kurz gesagt: Die Wüste ruft!

Rund drei Autostunden von beiden Städten entfernt, machte ich in einem Wüstenort Rast. Die idyllischen Fantasien wichen, eine nüchterne Erkenntnis tat sich auf: Es ist hier tagsüber nicht nur viel ruhiger, sondern auch deutlich wärmer. Die Sonne brachte das Autoblech nahezu zum Glühen. Ich fragte eine junge Israelin, wie sie es schaffe, in diesem Klima zu leben.

»Ist es nicht zu warm in der Wüste?«

Sie schüttelte entschieden den Kopf. »In Tel Aviv lebt man direkt am Meer.«

Ich überlegte, wo da das Problem sein sollte.

»Am Meer ist die Luft feucht«, erklärte sie mir, »und immer kleben die Kleider am Körper.«

Fragend schaute ich auf die heiße Wüstenlandschaft und dann wieder zu ihr.

»Hier ist es warm, aber die Luft ist trocken«, fuhr sie fort.

So kann man es natürlich auch sehen.

Schwitzend oder nicht, in der Wüste Negev haben Sie auf jeden Fall Ihre Ruhe. Negev ist Althebräisch und bedeutet »Süden«, passend zur Lage des Gebietes. Die Hochhäuser Tel Avivs verschwinden im Rückspiegel, bald wird das grüne Gras am Straßenrand gelb. Nicht lange, da ist es nur noch büschelweise zu sehen und irgendwann gar nicht mehr. Sand und Stein lösen das Gras ab. Esel galoppieren ohne Zügel und Last über die Straße und wirbeln den Staub am Wegesrand auf.

Ein Schild warnt vor Kamelen in Straßennähe. Ein anderes vor Soldaten, nicht den feindlichen, sondern den eigenen. Die Wüste Negev ist ein Truppenübungsplatz. Immer wieder überholen Sie mit Ihrem schnelleren Auto schweres Militärgerät. Das nächste Schild macht kaum Lust, auszusteigen und sich die Beine zu vertreten: »Schießgebiet zu beiden Seiten«. Doch dann wird es ruhiger auf der Straße, leerer. Bald ist Ihr Auto nur noch eines von wenigen Richtung Süden. Neben der Straße sehen Sie nun Verschläge aus Wellblech, Kinder, die am Autobahnrand auf Fahrrädern fahren, Männer, die ihr Gesicht mit Tüchern vor der Sonne schützen und mit Stöcken das Vieh über die Hügellandschaft treiben. Sie fahren an Heuballen vorbei, an als Barriere aufgestellten Holzpaletten, an winzigen Hütten und Kamelen, die daneben weiden.

Beduinen wie Dschihad leben dort. Mit seinem Namen hat er es in Israel nicht leicht. In westlichen Medien steht das Wort für Terror im Namen Gottes, doch Dschihad ist eben auch ein beliebter Vorname und heißt übersetzt zunächst einmal nicht mehr als »Anstrengung«. Ich lernte den jungen Mann vor seiner Beduinensiedlung kennen. Ich schätzte ihn auf dreißig, er sagte, er sei achtzehn. Er gehörte zu den 240 000 Beduinen, die in Israel leben.

Sie zählen zur ärmsten Bevölkerungsgruppe des Landes, die zugleich am schnellsten wächst. Die israelische Regierung vertreibt die Beduinen an vielen Orten von ihren Siedlungsgebieten. Somit ist es nicht leicht, mit Beduinen ins Gespräch zu kommen, ohne Misstrauen zu erwecken. Falls Sie es probieren wollen, rate ich dazu, in einem der benachbarten Wüstenorte nachzufragen, ob jemand bei der Vermittlung helfen könne.

Manche der Israelis dort pflegen Kontakte zu den Beduinen, kaufen bei ihnen ein oder verkaufen ihnen etwas. Manche bieten auch organisierte Besuche an, und da besteht höchstens das Risiko, dass der anstehende Trip etwas zu folkloristisch und zu sehr inszeniert wird. Wer ein paar Brocken Arabisch spricht, der kann immer auch am Wegesrand direkt den Kontakt suchen. Keiner kennt die Wüste so gut wie die Beduinen. Und es ist ratsam, gleich zu erklären, woher Sie kommen – also dass Sie kein Israeli sind.

Die Uhren gehen anders im Negev. An Orten wie Mitzpe Ramon werden Sie das schnell merken. Ich empfehle den Ort gern Freunden, die in Israels Süden ein wenig Ruhe suchen. Dort finden Sie genug Übernachtungsmöglichkeiten – von der Lehmhütte bis zum Luxuszimmer mit Pool. Es gibt einen Supermarkt und kleinere Lokale. Sie können auch einen Sternenerklärer samt Teleskop buchen, in der Wüste oder quer durch den riesigen Krater von Mitzpe Ramon wandern.

Gute Karten für solche Touren finden Sie im Besucherzentrum des Nationalparks, direkt am über 200 Millionen Jahre alten Krater mit einer atemberaubenden Aussicht über die Schlucht hinweg. Überhaupt lohnt es sich in Israel immer, nach den Nationalparks Ausschau zu halten. Die Wanderwege dort sind gut markiert, und der Eintritt ist sein Geld wert. Zudem sorgen Wächter nach Einbruch der Dunkelheit dafür, dass keiner bei seiner Exkursion verloren geht. Dass sich manche dieser israelischen Parks nicht in Israel, sondern in Palästina befinden, man selbst hier am Konflikt nicht vorbeikommt, trübt den Spaß ein wenig.

Wüstenwanderungen in Israel verband ich anfänglich mit gefährlichen Tieren, genauer, mit Schlangen und Skorpionen. In einem israelischen Naturguide las ich sogar von Leoparden! Einen Meter und achtzig Zentimeter lang, dreißig Kilogramm schwer. Na gut, »fast ausgestorben« hieß es in dem Naturführer, der schon vor Jahren erschienen war. Bei einer meiner ersten Wüstenreisen hörte ich so viel von diesem Raubtier, dass ich mich weigerte, nachts das Hotelgrundstück zu verlassen. In der Nähe sei ein Leopard gesichtet worden, hieß es. Ich verbrachte den Abend an der Hotelbar, bis mir klar wurde, dass der Leopard eine Erfindung des Barkeepers zur Steigerung seiner Umsätze sein musste.

Ich fragte eine Mitarbeiterin des Nationalparks von Mitzpe Ramon nach den Gefahren, die auf einen Wanderer warteten.

»Gefahren?« Sie schaute mich mit großen Augen an.

»Es gibt doch gefährliche Tiere. Was müssen Wanderer wegen der Schlangen beachten?« Ich blieb hartnäckig.

Doch ich traute mich nicht, ihr gegenüber den Leoparden zu erwähnen. Stattdessen erwartete ich eine genaue Anweisung, wie man sich nach einer Schlangenattacke ins eigene Fleisch beißt, unter Todesängsten den giftigen Saft heraussaugt und ihn in den Sand ausspuckt. Ich stellte mir vor, wie mich erst das Rattern des Rettungshelikopters wieder hoffen ließ. Der abgeseilte Notarzt spritzte das Gegengift, das Ärzte in den Wüstenorten angeblich auf Vorrat haben.

Doch die Naturpark-Mitarbeiterin sagte erst einmal nichts. Sie holte hörbar Luft. »Ich wohne seit fünfundzwanzig Jahren im Negev. Bisher habe ich eine einzige Schlange gesehen. Und das war in der Stadt.«

Ich merkte, wie ich mit geöffnetem Mund dastand und wartete. Als Journalist bin ich es gewöhnt, so lange zu fragen, bis das gesagt wird, was ich hören will.

»Aber im Krater, tief unten, gibt es doch sicher...«, versuchte ich es ein letztes Mal.

»Die kommen nachts raus. Und nachts darf man den Nationalpark nicht betreten. Unsere Hauptsorge ist die Sonne.«

Die Geschichte mit den Skorpionen und so vergessen wir vielleicht lieber wieder. Stattdessen packen Sie bitte ein: Sonnenhut, Sonnencreme, Sonnenbrille, lange, dünne Kleidung, genug Wasser für einen Wüstentag. Und sagen Sie an der Rezeption Ihrer Unterkunft Bescheid, wohin Sie wandern und wann Sie zurückkommen wollen. Lassen Sie sich eine Telefonnummer mitgeben für den Notfall der Fälle.

Habe ich für das große Abenteuer etwas vergessen? Ich fragte einen Bekannten, der in der Wüste Mountainbike-touren anbietet, sich vom Kraterrand abseilen lässt, mit dem Jeep über die Hügel brettert und auch wandert – nicht nur auf den ausgetretenen Pfaden des Nationalparks. »Geschlossene Schuhe, wenn möglich, bis zu den Knöcheln, und keine Sandalen«, antwortete er. Wirklich zum letzten Mal in diesem Buch lesen Sie die Frage: »Was ist mit den Tieren?« Und er entgegnete geduldig: »Keinen Stein aufheben. Alles liegen lassen. Und bevor du dich hinsetzt, schau genau, was da ist.« Und zum Schluss gab mir der Abenteurer eine echte Wüstenweisheit mit auf den Weg: »Wenn du sie nicht ärgerst, werden sie dich nicht ärgern.«

Auf meiner persönlichen Top-3-Liste der Tiere, die mir auf meinen Reisen in Israel und Palästina begegnet sind, steht auf Platz eins der Klippdachs, ein sehr gemütliches, murmeltierartiges Wesen. Leider sind die Tierchen dann doch zu flink, bevor man sie streicheln kann. Auf Platz zwei folgt ein roter Skorpion, der an einem heißen Tag in der Nähe von Hebron meinen Weg kreuzte. Seine schwarzen Kollegen (Platz drei) entdeckte ich rund um unser damaliges Häuschen in der Nähe von Ramallah. Einer lag platt gedrückt unter der Verandatür, die sich wohl unvermittelt geöffnet hatte.

Meine Top drei der Pflanzenwelt ist eine Liste voller Bäume. Fangen wir mit den Granatapfelbäumen an, weil es so erstaunlich ist, wie eine derart schwere Frucht von einem zierlichen Ast so mühelos getragen wird. Dann die Zitronenbäume, wenn im frühen Winter an den Hängen um Ramallah ein wenig Schnee auf den Früchten schlummert und die Zitronen auf die Sonne warten. Natürlich die blühenden Mandelbäume. Und die Feigenbäume! Ja doch, die Olivenbäume auch. Jahrhundertealt. Nicht zu vergessen: die Akazien überall. Und erwähnte ich schon die riesigen Dattelpalmen? Von dem praktischen Eukalyptus ganz zu schweigen, einst gepflanzt, um die sumpfigen Gebiete trocken zu legen.

Waren das jetzt schon drei?

Wer gern mehrere Tage durch die Natur wandern möchte, dem empfehle ich den Israel National Trail – natürlich nicht gleich die kompletten 1000 Kilometer dieses Fernwanderweges. Die Strecke verläuft von Nordisrael bis zum äußersten Süden durch unterschiedlichste Landschaften. Sie finden reichlich Literatur und Kartenmaterial zur Vorbereitung. Bei kleineren Touren sah ich die Wegmarkierung und bewunderte all die schwer Bepackten, die mir begegneten.

Abgesehen vom Hochsommer, ist das Wandern im kühleren Norden klimabedingt auch für weniger Trainierte eine Freude. Wenn Sie nur ein, zwei Tage unterwegs sein wollen, empfehle ich Ihnen daher eine Trail-Etappe im Golan oder nahe dem See Genezareth. Zu dem größten Süßwasserspeicher des Landes führt auch ein Weg, der bei christlichen Pilgern sehr beliebt ist, der Jesus-Trail. Er ist rund siebzig Kilometer lang und beginnt in Nazareth. Dort lohnt es sich auch, eine Nacht zu schlafen, um früh am kommenden Tag die Tour zu beginnen. Die Wanderung ist auf drei Tage ausgelegt, und reichlich Werbematerial für die Übernachtungen finden Sie in Nazareth. Ziel ist der Pilgerort Kapernaum, unweit des hotelreichen und schmuddeligen Seeortes Tiberias. Übernachten Sie lieber im Pilgerhotel in Tabgha. Das liegt nicht nur näher, sondern auch direkt am See inmitten der Natur.

Wenn Sie im Norden unterwegs sind, ob nun zu Fuß, per Bus oder Leihwagen, empfiehlt sich ein Besuch der drusischen Dörfer. Das Essen in den Restaurants dort erinnert oft an das, was Sie in Palästina auf der Speisekarte finden. Kein Wunder, handelt es sich bei den Drusen um Araber. In ihren Dörfern wird daher auch Arabisch und nicht Hebräisch gesprochen – obwohl alle diese Sprache beherrschen, schließlich machen viele Drusen in der israelischen Armee Karriere. Bei Israelis sind Drusenorte wie Daliyat al-Karmel sehr beliebt, gelten die Drusen für sie doch als die »guten Araber«, sie mischen sich politisch nicht ein und sind keine Palästinenser.

Was macht nun für einen nicht israelischen Reisenden ein arabisches Drusendorf so sehenswert, wo man doch genauso ins arabische Ramallah, Nablus, Hebron oder Bethlehem fahren kann? Es sind – Sie ahnen es – die Menschen. Eine mystische Aura umgibt die drusische Minderheit. Das liegt auch daran, weil nicht viel über sie zu erfahren ist.

Die Religion steht dem Islam nahe, doch weist sie auch viele Unterschiede auf. So glauben Drusen im Gegensatz zu Muslimen an Seelenwanderung, und außerdem sagte mir ein Druse doch tatsächlich … Ach, ich sollte nicht alles verraten. Die Drusen freuen sich über ausländische Gäste. Es dauerte nicht lange, und ich fand mich auf einer drusischen Hochzeit wieder. Am Tisch saß ich übrigens mit israelischen Gästen.

Etwas vergleichbar Mystisches haben für mich die Samariter. Der Kern der keine 1000 Menschen zählenden Religionsgemeinschaft lebt in Holon bei Tel Aviv und in einem Bergdorf bei Nablus, also auch im Norden. Bis auf das jährliche Opferfest finden wenige Besucher in das Samariterdörfchen. Sie erreichen es nach einem halbstündigen Fußmarsch oder mit einem Taxi von Nablus aus. Israelische Soldaten bewachen den Ortseingang. Die Samariter gelten für viele als jüdische Sekte und haben die israelische Staatsbürgerschaft. Es empfiehlt sich, vorab einen Termin beim kleinen ortseigenen Museum zu vereinbaren. So haben Sie einen Kontakt, den Sie den häufig schlecht gelaunten Soldaten am Ortseingang nennen können. Das erleichtert den Zutritt ins Dorf.

Es gilt, was bei den Drusen gilt – das Spannende sind die Gespräche. Und beispielsweise mit Englisch kommen Sie sehr weit. Jedoch rate ich Ihnen, bei den traditionellen Drusen wie bei den traditionellen Samaritern als Mann stets nur Männer und als Frau stets nur Frauen anzusprechen.

Die Samariter suchen übrigens verzweifelt nach Frauen, um die Gemeinde zu vergrößern. Männliche Nichtsamariter können nicht zu Samaritern werden, Frauen hingegen schon. Und bei einer Tasse süßen Schwarztee mit einem samaritischen Paar in einer der kleinen Wohnungen, in einem der kleinen, schlichten Häuser im Bergdorf, hörte ich auch, dass die Gemeinschaft noch mit anderen Problemen zu kämpfen hat: Armut und Isolation.

Zu den Samaritern von Nablus aus kurz den Berg hinaufzuwandern ist das eine, tagelange Touren in Palästina zu unternehmen etwas anderes. Dort ist Wandern kein Massensport wie in Israel. Dafür gibt es drei Ursachen. Erstens findet in der traditionellen Gesellschaft Sport eher in geschlossenen Räumen und nach Geschlechtern getrennt statt. So sind die meisten Fitnessstudios entweder für Frauen oder für Männer. Zweitens: Zeit für Sport zu haben ist zugleich Luxus. Und als dritter Grund – wenn er von manchen Palästinensern auch gern als einziger Grund genannt wird: die israelische Besatzung. Es kann für Palästinenser gefährlich werden, zwischen israelischen Siedlungen und den eigenen Dörfern und Städten in der Westbank zu wandern.

Wenn Sie in Palästina dennoch auf Schusters Rappen unterwegs sein wollen, so rate ich zu einer Wandergruppe.

Zugegeben ist die Auswahl etwas eingeschränkt. Eine gute Sache sind die geführten Touren auf dem Abrahamspfad. Dahinter verbirgt sich derzeit allerdings noch mehr eine Idee als ein zuverlässig ausgeschilderter Wanderweg. Der Pfad auf den Spuren Abrahams soll in weiter Ferne nach biblischem Vorbild quer durch mehrere Nahost-Länder führen.

So schön die Natur auch in Palästina zu bestaunen ist, bereiten Sie sich vor allem auf eine politische Tour durch den Nahost-Konflikt vor. Sie werden israelische Siedler, Checkpoints und immer wieder Palästinenser sehen, die Ihnen von alldem berichten. Auf den gebuchten Touren wird bei Einheimischen geschlafen. Ein Ziel des Abrahamspfad-Projektes ist es schließlich, Reisende zu Orten zu bringen, zu denen sonst kaum jemand reist.

Egal, ob in Israel oder Palästina, Sie sollten als Wanderer keine Angst vor Hunden haben. Die Vierbeiner begegnen Ihnen überall entweder frisch ausgesetzt oder schon in der dritten Generation in freier Wildbahn lebend. Als Wanderer gehören Sie natürlich nicht zum Beuteschema, doch oft leben die Hunde in Rudeln, und das kann schon mal den Eindruck erwecken, ein paar Wölfe zögen Sie als Zwischensnack in Betracht. Wenn Sie darauf vorbereitet sind, erschrecken Sie zumindest nicht so, wie ich es häufig tat, und bleiben entspannt.

Manchen tut ein frei laufender Hund sehr leid, sie kaufen ein Halsband und adoptieren den Vierbeiner quasi für einige Tage. Meine Beobachtungen zufolge sind es zu 99 Prozent allein reisende junge Frauen aus dem Ausland – also weder Israelinnen noch Palästinenserinnen. Die soziologische Interpretation überlasse ich Ihnen.

In Israel ist so ein Hund, wie überhaupt die Hundehaltung, kein Problem. In Tel Aviv folgen die Vierbeiner ihrem (temporären) Besitzer auch im dichtesten Stadtverkehr leinenfrei.

Im palästinensischen Ramallah wird Hundehaltung eher belächelt, doch Probleme werden Frauchen und Herrchen keine bekommen. Immer wieder sah ich auch Palästinenser mit vierbeiniger Gefolgschaft. Doch außerhalb Ramallahs wird Hundehaltung eher als Provokation wahrgenommen. Hunde gelten im Islam als unrein. Einmal fischte ich mit meiner Frau in Nablus zwei jaulende Welpen aus einem Müllcontainer. Ein Bauarbeiter hatte sie vor unseren Augen dort entsorgt.

Wenn ich zu Fuß unterwegs war und Lust auf ein Gespräch hatte, so fuhr ich auch gern per Anhalter. Dazu streckte ich an einer Straße die Hand Richtung Boden aus und deutete mit dem Zeigefinger auf den Asphalt. Die Geste ist in Israel so beliebt und bekannt, wie es in Deutschland früher einmal der rausgestreckte Daumen war.

In Israel dauerte es im Schnitt zwei Minuten, bis ein Auto für mich anhielt. Zwischen Golanhöhen und Wüste lernte ich die interessantesten Menschen kennen: einen desertierenden Soldaten, Enkel von Holocaust-Überlebenden, Siedler, Siedlungsgegner, Stadt-, Land-, Berg- und Wüstenbewohner.

Innerhalb der Westbank rate ich von dieser Art des Reisens jedoch ab. Dort ist es unüblich, Palästinenser sind nicht auf diese Weise unterwegs. Wenn Sie es dennoch tun wollen, trampen Sie bitte von Stadt zu Stadt, so ist es sicherer. Außerhalb, also auf offener Straße, wird man Sie eher nicht für einen ausländischen Reisenden halten. Gewöhnlich sind es Siedler, die, dort mit Rucksack stehend, den Zeigefinger auf den Boden strecken, um von Siedlung zu Siedlung oder nach Israel zu kommen.

Wer die beiden Länder lieber mit dem Rad erkunden will, der gilt nun wirklich als Exot. Auf den Straßen der Westbank wird schnell und risikoreich gefahren. Es ist daher auch ohne Konflikt schon viel zu gefährlich auf zwei Rädern. Rennradlern begegnete ich manchmal auf israelischen Straßen am Schabbat. Nur wenige Male entdeckte ich am Straßenrand einen echten Tourenfahrer mit vollem Gepäckträger, mit Zelt, Schlafsack und allem Drum und Dran. Vielleicht war es immer derselbe. Und wenn dem so war, hieß er Johannes Reichert.

Auf seinen Reisen durch Israel legte der sportliche Franke über 1230 Kilometer mit dem Rad zurück. Da mich Hobbyradler immer wieder fragten, wie es denn mit dem Zweirad in Israel sei, bat ich Johannes Reichert um Rat. Schließlich veröffentlichte er sein Reisetagebuch und hält auch Vorträge.

»Ich fand nur wenige Radwege, dafür aber breite Seitenstreifen an den Schnellstraßen, auf denen ich mich als Radfahrer sicher fühlte«, erklärte er mir. Von nächtlichen Touren riet er ab. Probleme mit der Polizei bekam er keine, auch interessierte sich kein Soldat für sein vollgepacktes Rad, mit dem er selbst an den Grenzen entlangfuhr. »Die hielten mich vermutlich alle für verrückt«, lautete sein Eindruck.

Ähnliches dachte auch ich bei meinen Reisen, wenn ich an einer Kontrolle all die Städte auf meiner Route aufzählte. Das ständige Wechseln der Seiten – Westbank, Israel, Gazastreifen und dann wieder Israel – mutet Israelis wie Palästinensern seltsam an.

Eine kleine Sensation wurde dem Tourenradler Johannes Reichert in Aschkelon zuteil, der israelischen Großstadt zwischen dem Gazastreifen und Tel Aviv: »Das erste Mal seit fünfzehn Jahren hatte ich einen Platten. Und das bei unplattbaren Reifen!«

Nach all der Reiserei zu Fuß, per Anhalter, mit dem Rad und im unklimatisierten Sammeltaxi haben wir uns eine Abkühlung verdient. Die Region bietet auf einer kleinen Fläche ganz unterschiedliche Orte zum Schwimmen oder Abtauchen.

Fürs Mittelmeer empfehle ich Ihnen die Strände im Norden. Sie sind leerer als in Tel Aviv und seinem Umland, manchmal komplett verlassen. Mit dem Zug können Sie bis Haifa fahren, und keine drei Gehminuten vom Bahnhof entfernt, versinken Ihre Füße im warmen Sand. Leider bekommt das Wasser wie vielerorts am Mittelmeer keine Bestnoten, was Sauberkeit betrifft. Doch kühlt es allemal.

Eine höhere Wasserqualität, weil begrenzt Schifffahrt und keinerlei Industrie, hat der See Genezareth. Im Sommer ist das Wasser warm, der Einstieg manchmal etwas steinig oder matschig. Dafür blicken Sie beim Baden auf umliegende Berge, und abgesehen von anderen Badenden, ist es sehr ruhig. Schnorcheln ist jedoch wie im Mittelmeer eher langweilig. Hierfür oder auch zum richtigen Tauchen lohnt sich die Reise in den Süden des Landes – ans Rote Meer. Eine kleine Vorwarnung: Es geht an den Stränden rund um Eilat eng, laut und so touristisch wie auf Mallorca zu. Flüchten Sie vor all dem Trubel einfach in das klare und fischreiche Wasser, vielleicht besuchen Sie auch einen Bezahlstrand in Richtung ägyptischer Grenze? Es lohnt sich.

Wenn Sie sowieso schon so weit im Süden sind und ein wenig mehr Zeit mitbringen, vielleicht drei weitere Tage, ist der Ausflug nach Jordanien ein Muss. Das Visum gibt es an der Grenze fix und unkompliziert. In Jordanien können Sie sich in Aqaba einquartieren, in Ruhe über den Korallenriffs schnorcheln und einen Tagesausflug zur Felsenstadt Petra unternehmen.

Die Rückreise nach Israel ist problemlos, da der Grenzübergang von vielen Touristen genutzt wird. Natürlich werden Sie so gründlich wie am Flughafen durchsucht und befragt, doch sind Sie ja inzwischen in Übung. Und ich hörte noch von keinem Reisenden, der nach einem Jordanienbesuch nicht wieder einreisen durfte.

Zwischen Rotem Meer und See Genezareth erwartet Sie das salzigste Badeerlebnisse überhaupt. Von Schwimmen kann man im Toten Meer nicht sprechen, man treibt auf der Wasseroberfläche, und jeder Versuch, Arme und Beine zu bewegen, endet in einer Karikatur. Am besten verlassen Sie sich auf Ihre Hände und schaufeln sich vorwärts. Das Wichtigste: Baden Sie an offiziellen Stränden, damit Sie immer eine Süßwasserdusche in erreichbarer Nähe haben. Sonst bekommen Sie das brennende Salz nicht mehr aus den Augen.

An meinem Lieblingsbadeort Ein Gedi erwartete mich ein apokalyptisches Szenario. Eine asiatische Reisegruppe tauchte fast synchron die Köpfe unter, kaum schossen sie wieder aus dem Wasser, rieben sich die bedauernswerten Badenden unter Rufen und Klagen noch mehr Salz in die brennenden Augen. Sie erreichten mithilfe eines Rettungsschwimmers die sie von ihren Qualen erlösende Dusche. Vermutlich war der Reiseführer der Gruppe mit dem Trinkgeld nicht zufrieden gewesen und hatte sich aus Rache vornehm ausgeschwiegen, denn eigentlich wissen alle, die schon einmal am Toten Meer waren: niemals den Kopf unter Wasser tauchen. Und wer sich gerade noch wunderte, wieso es dort Rettungsschwimmer gibt, obwohl man im Salzwasser gar nicht untergehen kann, hat nun eine Antwort gefunden.

Ob Sie beim Baden im Toten Meer auch an Palästinensern vorbeitreiben, wird weiter nördlich, ein paar Hundert

Meter vor dem Ufer, entschieden. Nicht immer, manchmal, stehen Soldaten an der Zufahrtsstraße und weisen grüne Nummernschilder ab. Die Alternative für Palästinenser lautet Chlor statt Salz. Viele, auch kleinere, Orte verfügen über Schwimmbäder mit Bereichen für Kleinkinder und andere Nichtschwimmer.

Wenn Sie im Sommer auf Ihrer Reise eine Abkühlung suchen, kann also auch ein kleines palästinensisches Schwimmbad zum Erlebnis werden. Der Eintritt ist im Vergleich zu den Einkommen leider recht hoch, doch wer es sich einmal leistet, der organisiert dann gleich ein geselliges Großfamilientreffen inklusive Kohlegrill und Wasserpfeife. Hungrig werden Sie das Schwimmbad dank der Gastfreundschaft sicher nicht verlassen – nur sollten Sie mit all dem angefutterten Ballast besser nicht noch mal ins Wasser gehen.

Viel origineller als der Besuch eines palästinensischen Schwimmbads ist natürlich der eines traditionellen Dampfbads, des Hamam. Denken Sie nun bitte nicht an die edlen pseudoorientalischen Nachbauten, mit denen sich manche deutsche Saunagärten schmücken. Das palästinensische Hamam ist etwas schlichter eingerichtet, sagen wir zweckmäßiger.

Über einen Umkleideraum und die Duschen erreichen Sie den feuchtwarmen Hamam-Bereich und von dort das Dampfbad. Zurück vom heißen Dampf, legen Sie sich zur Entspannung auf die heißen Platten. Wenn Sie furchtlos sind, so bestellen Sie eine – stets recht kräftige – Massage.

Zur authentischen Atmosphäre im Hamam gehört eine Geselligkeit, die in den überreglementierten deutschen Saunen zum Rauswurf führen würde. Die Palästinenser singen, klatschen, albern herum, diskutieren lautstark die Weltlage und seifen sich dabei nicht selten gegenseitig den Rücken ein.

Das Ganze kommt der russischen Banja-Kultur recht nahe. Leider fehlen in Palästina klimabedingt sowohl der Schnee als auch das Eiswasser sowie überhaupt die Abkühlung danach. Kurz frische Luft tanken auf der Terrasse geht auch nicht, weil aus traditionellen Gründen alles in geschlossenen Räumen stattfinden muss. Kein Stückchen nackte Hamam-Haut sollte außerhalb dieser heißen Hallen zu sehen sein.

Die zwei schönsten und wohl ältesten Hamams Palästinas finden Sie in der Altstadt von Nablus. Zwei modernere Einrichtungen entdeckte ich in Ramallah. An der Kasse erhalten Sie bei den Hamams ein Stück Olivenseife, ein Badetuch und ein Leintuch, das Sie sich umbinden müssen. Zahlreiche Palästinenser tragen zusätzlich noch eine Badeshorts unter dem Leintuch. Sicher ist sicher. Für Frauen und Männer gibt es dennoch überall gesonderte Öffnungszeiten und jeweils ausschließlich männliche oder weibliche Mitarbeiter.

Rein theoretisch könnten Sie nun all die auf den zurückliegenden Seiten geschilderten Aktivitäten an einem Tag ausüben. Früh morgens könnten Sie in den Bergen wandern und sich danach im See Genezareth abkühlen, zum Mittagessen wären Sie am Mittelmeer, am Nachmittag hingen Sie in einem der palästinensischen Freibäder ab, legten einen Schwitzgang im Hamam ein und trieben danach im Toten Meer. Am frühen Abend, bevor die Schlangen und Skorpione herauskämen, wagten Sie noch einen kleinen Spaziergang durch die Wüste, nachts blickten Sie von der Luftmatratze im Roten Meer auf die Lichter Eilats.

Und dann, ja dann sagen Sie mir bitte, ob das wirklich alles in dieser kurzen Zeit überhaupt möglich ist.

# Drei Religionen, ein Gott – wenn es so einfach wäre in Jerusalem

Der Jerusalem-Virus – sind Sie schon infiziert? Ich ja. Es geschah bei meiner ersten Reise nach Jerusalem. Kaum kam ich in meinem Bettenlager an, kletterte ich auf die Terrasse, blickte über die Dächer der Altstadt. Die Abendsonne färbte alles in dunkles Orange. Von den Minaretten der umliegenden Moscheen erklangen die Gebetsrufe. In den schmalen Gassen unter mir liefen in schwarze Mäntel gehüllte Juden mit Pelzhüten zur Klagemauer. Zwei, drei Franziskaner in brauner Kutte spazierten in Richtung Via Dolorosa. Mitten in diesem Labyrinth suchten kaum bekleidete Touristen irgendetwas. Vielleicht den Händler von Saatar, der diese Thymian-Gewürzmischung zu einer meterhohen Pyramide anhäuft. Vielleicht die Wasserpfeife im praktischen Köfferchen für die Rückreise. Vielleicht einen der süßsauren, frisch gepressten Granatapfelsäfte. Oder vielleicht eine der 3-D-Karten von Jesus am Kreuz. Auf den mannigfaltigen Darstellungen in den Schaufenstern der Altstadt fällt übrigens auf: Nicht selten hat Jesus helle Haut, blaue Augen, manchmal blonde Locken. Er sieht nicht aus wie jemand, der in Bethlehem auf die Welt gekommen ist. Vielleicht suchten die Touristen aber auch einen Ausgang, um der Enge zwischen den mächtigen jahrhundertealten Stadtmauern zu entkommen.

Ob es mich genau in diesem Augenblick mit Ausblick oder in späteren Momenten erwischte, kann ich Ihnen nicht sagen. Sicher ist – ich trage den Jerusalem-Virus nun in mir. Ist er lebensgefährlich? Nein. Aber teuer, und er löst wirklich seltsame Symptome aus. Denn er bewirkt, dass ich immer wieder diese Stadt mit ihren Menschen – Einwohnern wie Besuchern – sehen, einige Tage unter ihnen leben, mit ihnen reden, vielleicht sogar ein Teil von ihnen sein muss.

Nach einigen Tagen aber kommt die Kehrtwende. Ich muss sofort wieder weg. Die Menschen, Geräusche und Gerüche werden mir zu viel.

Ich kenne manche, die der Virus verschont, die mit der Stadt nichts anzufangen wissen. Die meisten von ihnen sind Israelis und leben in Tel Aviv. »Jerusalem? Alle verrückt dort!«, lautet einer ihrer harmloseren Kommentare.

Der Grund, wieso Jerusalem zu einem zentralen Ort für Juden, Christen und Muslime werden konnte, ist auch beim Urvater der drei großen monotheistischen Religionen zu finden. Demnach forderte Gott Abraham dazu auf, ihm auf einem Berg im Land Morija seinen zweitgeborenen Sohn zu opfern. Für Juden und Christen ist der Junge, der bei diesem radikalsten Beweis von Gottesfurcht im letzten Moment durch einen Engel gerettet wurde, Isaak, für Muslime ist es Ismael. In der Tradition ist jener Berg identisch mit der Stelle, an der König Salomo in Jerusalem den ersten jüdischen Tempel errichten ließ. Bei der Klagemauer handelt es sich um die Überreste der Mauer, die die Plattform des zweiten Tempels stützte. Den ersten zerstörten die Babylonier rund 600 Jahre vor unserer Zeitrechnung, den zweiten die Römer etwa 670 Jahre später. Auf jüdischen Hochzeiten wird heute noch Glas zerbrochen, um daran zu erinnern.

Überhaupt ist die Geschichte Jerusalems eine der Zerstörungswut verschiedenster Mächte, die dort destruktiv wirkten. Kein Wunder, dass die eindrucksvolle, von dem Historiker Simon Sebag Montefiore verfasste Biografie der Stadt über 850 Seiten dick ist. »Es gab immer zwei Jerusalems«, schreibt er in seinem Mammutwerk, »ein irdisches und ein himmlisches, und beide wurden stärker vom Glauben und von Gefühlen regiert als von Vernunft und Fakten.«

Wo einst Juden ihre Tempel errichtet hatten, bauten Muslime später die Aqsa-Moschee und den Felsendom mit seiner goldenen Kuppel. Zwischen Tempelzeit und Moscheebau stand einst auch eine Kirche auf der Erhöhung. Vom Tempelberg sprechen Muslime nicht, sie sagen al-Haram asch-Scharif, das ehrwürdige Heiligtum. Al-Aqsa bedeutet »die Ferne«, also die ferne Moschee, weil Jerusalem fern von Mohammeds Wirkungsstätten liegt. Doch von hier, so der muslimische Glaube, fuhr der Prophet in den Himmel auf. Deshalb nennen Muslime in aller Welt die Stadt nicht Jerusalem, sondern al-Quds, »die Heilige«.

Die Programme christlicher Pilgergruppen enthalten manchmal für einen einzigen Tag ein halbes Dutzend Ziele allein in Jerusalem, bevor man noch am selben Abend nach Bethlehem weiterreist. Zentrale Pilgerstätten in Jerusalem sind die überlieferten Orte des letzten Abendmahls, der Kreuzigung, des Begräbnisses und der Auferstehung Jesu. Sechs Kirchenbesuche in fünf Stunden sind bei solch organisiertem Herumhetzen keine Seltenheit. Das kann man machen, muss man aber nicht. Weil Sie kaum Zeit haben, mit anderen ins Gespräch zu kommen. Mit Menschen aus aller Welt, die an diesen Glaubensorten aufeinandertreffen.

Wer die Altstadt Jerusalems erkunden will, dem empfehle ich, mindestens zwei Tage dort zu verbringen – eine Woche, nein, ein Monat, ach was, ein halbes Jahr wäre natürlich besser. Aber nun spricht wieder der Virus-Infizierte zu Ihnen.

Einen weiteren Vormittag benötigen Sie, um einmal auf den Ölberg zu wandern und ihn in Ruhe zu erkunden. Der Wind pfeift einem da oben um die Ohren, Sie sehen die Altstadt aus der Ferne, die Reisebusse, die sich vor deren Mauern langsam auf engen Straßen voranschieben. Zwischen Ihnen auf dem Berg und dem goldenen Felsendom in der Altstadt liegen unter anderem der jüdische Friedhof, die Kirche von Maria Magdalena, die Kirche aller Nationen, das Mariengrab. Einmal auf dem Berg, können Sie auch in Jesu Fußstapfen treten, und das meine ich nicht bildlich gesprochen. Sie finden einen großen Fußabdruck samt Wächter, der sich über ein paar Münzen freut.

Für die Altstadt lohnt sich auf jeden Fall, eine Karte als Ratgeber heranzuziehen – Sie finden die hübsch gezeichneten Orientierungshilfen bei vielen Händlern dort. Zugegeben, mitten im Gewusel der schmalen Gassen hilft diese Karte überhaupt nichts. Doch oben, auf dem Ölberg oder einer der vielen Terrassen, da können Sie mit so einer schönen Illustration einiges entdecken. Zum Beispiel, wie die Altstadt in verschiedene Quartiere eingeteilt ist: das muslimische, jüdische, armenische und christliche Viertel.

Aber wie nähern Sie sich nun diesem Labyrinth? Wenn Sie sich direkt in den Trubel stürzen wollen, so ist das Damaskustor im Norden der Altstadt Ihr perfekter Einstieg. Vorbei an Hunderten Händlern spazieren Sie unter mächtigen Gebäuden hindurch auf die Klagemauer zu, die sich auf der Südseite befindet. Damit Sie sich nicht verlaufen, empfehle ich Ihnen, sich immer am Gefälle zu orientieren. Abwärts geht es zur Klagemauer. Wenn Sie vor Abzweigungen stehen und von einem hübschen Laden zum Abbiegen verführt werden, so müssen Sie tapfer sein. Wer einmal abbiegt, ist verloren!

Schön ist auch der Einstieg über das Jaffator im Westen. Vorbei an der Zitadelle geht es stetig bergab, bis Sie an eine Art »Zubringer« gelangen, der Sie dann vor die Klagemauer führt. Wer es ruhig möchte, der kann sich behutsam über das Neue Tor in die Altstadt begeben, vorbei an kleinen Geschäften und Cafés des christlichen Viertels.

Alle religiösen Orte der Juden, Christen und Muslime innerhalb der Altstadtmauern zu erkunden und zu verstehen wäre ein Lebensprojekt. Ich will Ihnen für jede Glaubensrichtung einen Ort vorstellen, der auf mich besonderen Eindruck machte. Und da wir soeben über das Neue Tor in die Altstadt traten, ist der Weg zur Grabeskirche nicht weit.

Der Name täuscht, es handelt sich nicht um *eine* Kirche. Unter der Kuppel ist eine Vielzahl von Kapellen und Kirchen, Gebetsräumen und für viele Christen heilige Stätten zu finden. Der Gebäudekomplex ist in sich verschachtelt, birgt Gebetsorte für die römisch-katholische Kirche, für Armenier, orthodoxe Griechen, Kopten, Syrer und Äthiopier. Die Schlüssel zur Grabeskirche besitzt ein Wächter, der keiner dieser Glaubensrichtungen angehört, er ist seit osmanischen Zeiten ein Muslim. Aus gutem Grund – immer wieder kommt es unter den Kirchenvertretern zu handfesten Auseinandersetzungen.

Viele Touristen werden von ihren Guides auf dem Vorplatz vor dem gewaltigen Holztor der Grabeskirche auf das Innere vorbereitet. Dahinter ist es zu umtriebig für lange

Erklärungen. Eine Gruppe versammelte sich bei einem meiner Besuche dennoch drinnen um ihren Guide. Er stand vor dem armenischen Schrein, neben dem Stein der Salbung Jesu. Auf dem Oberteil jedes Touristen haftete der Aufkleber des Reiseveranstalters, damit keiner verloren ging.

»Okay«, schloss der Guide nach einer dreiminütigen Einführung, »in fünfzehn Minuten treffen wir uns draußen.« Fünfzehn Minuten! Eine Viertelstunde für die Besichtigung dieses Bauwerkes mit all seinen Geheimnissen ist so, als sollten Sie ein Sechsgängemenü in dreißig Sekunden herunterschlingen. Außer Bauchschmerzen bringt Ihnen das nichts.

Lassen Sie sich Zeit, holen Sie draußen auf dem Vorplatz noch einmal tief frische Luft und folgen Sie mir zum Nabel der Welt. Im Mittelalter, als man dachte, die Erde sei eine Scheibe, galt Jerusalem unter den Christen als deren Mittelpunkt, und ein Stein inmitten der Kirche ist das sichtbare Zeichen hierfür.

Wenn Sie in die Grabeskirche eintreten, blicken Sie auf ein Mosaik, dahinter verbirgt sich die griechisch-orthodoxe Kirche und der besagte Erdmittelpunkt. Doch das wollte ich Ihnen gar nicht zeigen. Gehen Sie am Mosaik links vorbei, dann stehen Sie zwischen der engen Grabeskapelle und der besagten Kirche. Und hier finden Sie zwei wundervolle und oft unbeachtete schlichte Holzbänke.

Setzen Sie sich in Ruhe hin, mit dem Rücken zum Erdmittelpunkt, und blicken Sie auf die vielbesuchte Grabeskapelle. Ich saß dort eine lange Zeit und lernte, quasi am Nabel der Welt, ebendiese Welt kennen, zumindest einen Teil von ihr.

Ein junger Mann aus Malaysia filmte sich mit seinem Smartphone. Er hielt den Teleskopstab und drehte sich mit

ihm um die eigene Achse. Dabei stieß die Handyverlänge-
rung gegen einen Pilger, und der Malaysier brach sein Film-
projekt ab. Stattdessen setzte er sich neben mich. »Ich gehöre
zu den wenigen Christen in meinem Land«, erklärte er. Wir
sprachen über die Grabeskirche, ein wenig über Malaysia, wo
er für einen Lebensversicherer arbeitete. Schließlich musste
er weiter, wir lächelten uns zu, drückten uns kurz, er filmte
die Szene mit ausgestrecktem Arm und verabschiedete sich.

Nicht weit von mir war ein Franziskaner aus Deutschland mit einem griechisch-orthodoxen Mönch im Gespräch.
Dann gesellte sich ein indischer Priester zu mir, eine schwarze
Nonne in weiß-blauem Gewand mit gelbem Halstuch setzte
sich zu uns, und eine weiße Nonne mit grauen Haaren kam
auf mich zu. Mit ihrer Hand streichelte sie mütterlich über
meinen Arm, auf und ab. Ich habe keine Ahnung, warum
sie das tat, aber ich fand es sehr schön.

Nach einer Weile entdeckte ich neben mir noch einen
älteren Herrn, und er entdeckte mich. Jerusalem war für ihn
»die wichtigste Stadt der Welt«. Er lebte in Kanada, war in
Sri Lanka auf die Welt gekommen. »Ich bin sehr gläubig«,
erklärte er mir. Und ergänzte schelmisch grinsend: »Was
nicht bedeutet, dass ich alle zehn Gebote einhalte.«

Bibelkundig berichtete er von Jesus und nannte zu jeder
Textstelle die später dazu errichtete Kirche: die Geburtskir-
che in Bethlehem, die Brotvermehrungskirche in Tabgha,
die Verkündigungsbasilika in Nazareth, all die Kirchen Jerusalems… Und er zählte die Klöster auf, das am Ende des
Wadi Kelts in den Fels gehaune, etwa zwanzig Kilometer
östlich von Jerusalem im Westjordanland gelegene Sankt-
Georg-Kloster zum Beispiel.

Der Kanadier aus Sri Lanka war ein lebender Bibelatlas.
Wer so jemandem nicht begegnet, dem seien die vielen

gedruckten Werke mit gleichem Titel ans Herz gelegt. Bis zu 400 großformatige Seiten dick sind diese Atlanten, für solche Reisen wunderbare Nachschlagewerke – da aber nicht sonderlich gepäcktauglich, eher für die Vorbereitung geeignet.

Der sympathische Bibelkenner, der neben mir in der Grabeskirche saß, beendete seine Aufzählung abrupt mit dem Satz: »Ich weiß, ich bin verrückt nach Kirchen und Klöstern.«

Eine hereinkommende Touristin aus Japan blickte irritiert um sich; wer vom hellen Sommerlicht draußen eintritt, den empfängt in dem riesigen Kirchenbau zunächst Dunkelheit. Nachdem sich ihre Augen an die neuen Lichtverhältnisse angepasst hatten, zeigte sie auf die Grabeskapelle und fragte, was das sei. Für Garry aus Washington, D. C., der inzwischen neben mir stand, handelte es sich vor allem um eines: »Das sind Steine, alles nur Steine, mehr nicht.« Erschöpft stand er mit seiner Schirmmütze in ausgeblichenen Tarnfarben am Rand des Geschehens und wartete darauf, dass seine Frau samt zugehöriger Reisegruppe die Grabeskirche besichtigt hatte. Schließlich kam sie auf uns zu.

»Wir müssen zum Salbungsstein«, forderte sie ihren Mann auf und zog ihn am Oberarm.

»Wir müssen was?«, fragte er entsetzt. »Wir sind Juden!« Sie ignorierte seinen Protest.

»Wir müssen diese Karten auf den Stein dort legen«, insistierte sie und wies auf die Bilder in ihrer Hand, die verschiedene Heiligenfiguren zeigten. »Für wen sind denn die Karten?«, fragte er vollends verwirrt.

Seine Frau zählte ein halbes Dutzend Vornamen auf.

»Ihre Arbeitskollegen.« Garry verdrehte die Augen. »Alles Christen.« Er gehörte den Chabad an, eine eher orthodoxen Ausprägung des Judentums mit mystischen Elementen. Auf seiner Israelreise war für Garry die einst von einem Chabad-Rabbiner gegründete Tzemach-Tzedek-Synagoge in der Altstadt die Anlaufstelle in Gebetsfragen. Die Chabad gehören zu einer Minderheit unter den Orthodoxen. Und wenn das auch nicht für die Altstadt von Jerusalem gelten mag, so gehören die Orthodoxen ganz allgemein zu einer Minderheit.

Die meisten Juden in Israel sind liberal, legen den Glauben viel freier aus als ihre orthodoxen und ultraorthodoxen Mitbürger. Unter den Strenggläubigen gibt es wiederum verschiedenste Ausrichtungen, Abspaltungen und Rabbiner, die sie vertreten.

Ich fragte Garry nach dem für ihn in Israel wichtigsten Ort, und natürlich nannte er die Klagemauer. Ich lächelte ein wenig, und er verstand mich sofort. Denn mehr als aufeinandergeschichtete Steine sind auch dort nicht zu sehen. »Das ist… also das… das ist anders…«, stammelte er, und aus seiner Sicht stimmte das natürlich auch.

Auch wenn es kein Geheimtipp ist, so möchte ich mit Ihnen jetzt trotzdem zur Klagemauer spazieren. Mehrere Wege führen zu dem großen Platz, und ich rate davon ab, vom jüdischen Viertel der Altstadt dorthin zu gehen. Natürlich ist der Andrang, wenn auch nicht jeden Tag und zu jeder Uhrzeit, dort am größten, und Sie warten vor den Sicherheitsschleusen.

Vom muslimischen Viertel kommend, geht es viel schneller. Oder Sie verbinden den Klagemauer-Besuch mit einer Viertel-Umrundung der Altstadtmauer. Sie können bequem vom Jaffator aus die Mauer entgegen dem Uhrzeigersinn außen entlanglaufen und sehen wenige Minuten später den großen Parkplatz. Wenn nicht gerade Reisebusse ankommen, sind Sie von hier schnell mitten auf dem Platz der Klagemauer und umgehen die belebten Altstadtgassen.

Auf dem Platz angekommen, gelten nur am Schabbat besondere Regeln: keine Fotos machen, nicht telefonieren und nicht rauchen. Außer Ihnen wird das übrigens kaum einer befolgen. Wenn Sie nun der Klagemauer näher kommen wollen, so liegen kleine weiße Kippas zur Ausleihe kostenlos für Sie bereit – direkt am Zugang.

Kopfbedeckung ist nur im Männerbereich Pflicht, im Frauenbereich ist das anders. Orthodoxe Frauen tragen Perücken, brauchen somit keine anderweitige Kopfbedeckung, und alle anderen Besucherinnen profitieren davon. Als ich das letzte Mal dort war, streckte sich eine Mutter über die Absperrungen und fotografierte ihren betenden Sohn auf der Männerseite. Ein Mann stand ihr auf der anderen Seite der Absperrung gegenüber und fotografierte offenbar seine betende Frau.

Immer wieder protestieren Aktivistinnen gegen diese Trennung und dagegen, dass der Frauenbereich viel kleiner als der für die Männer ist. Das war nicht immer so. Auf alten Schwarz-Weiß-Fotos sah ich noch Männer und Frauen gemeinsam an der Mauer beten, ganz ohne Absperrung.

Sie können auch einen Wunschzettel in die Mauerritzen drücken. Doch gehen Sie nicht so schnell wieder! Ich empfehle Ihnen zum Verweilen noch eine Bank, die keiner so richtig beachtet, direkt hinter Ihnen, also zwischen der Klagemauer und dem erweiterten Vorplatz. Manchmal ist es hier schattig, und immer ist es interessant, zu sehen, wer seine Hand an die Klagemauer stützt, den Kopf dagegendrückt.

Ich schaute hier Tanzenden und Weinenden, Kindergartenkindern und Greisen zu. Manche kommen jeden Tag hierher, andere einmal im Leben. Als die Altstadt Jerusalems unter jordanischer Besatzung stand – von 1948 bis 1967 –, konnten Juden diesen Ort nicht betreten. Um die Besucherströme nach dem sogenannten Sechs-Tage-Krieg zu bewältigen, zerstörten Israelis das marokkanische Viertel. Davon ist heute, auf dieser langen Bank vor der Klagemauer, nichts mehr zu erahnen.

Auf dem Platz sehen Sie auch Orthodoxe in schwarzen Anzügen mit langen Lederbändern hantieren. »Sind Sie Jude?«, werden Sie gefragt, wenn Sie ein wenig näher treten. Falls ja, so wird Ihnen ein Gebetsriemen um den Arm und die Hand gebunden. Ein anderer Riemen wird um Ihre Stirn gewickelt. An den Riemen sind Gebetskapseln befestigt, und wenn alles richtig sitzt, wird Ihnen ein Gebetstext in die Hand gedrückt. Tumultartige Zustände brechen aus, wenn eine Gruppe junger Juden aus dem Ausland anreist, zum ersten Mal Klagemauer und manchmal auch Gebetsriemen sieht. Ihnen wird garantiert nicht langweilig auf diesem Platz.

Wie in der Grabeskirche so ist auch an diesem Ort die Welt zu Gast. Eine Reisegruppe aus Russland von »Atlantis Travel« hatte sich eingefunden. Ein junger Mexikaner drückte mir sein Telefon in die Hand und bat mich, ihn mitsamt seiner Frau, dem Baby und der Klagemauer zu fotografieren. Und immer und überall waren die Mitarbeiter von »Birthright Israel« zu hören. Da jeder Jude das Recht hat, in Israel zu leben, wird dafür auch kräftig geworben.

Die israelische Regierung rührt fleißig die Werbetrommel, denn die nicht jüdische Bevölkerung – also arabische Israelis, vor allem muslimischer Abstammung – wächst von Jahr zu Jahr. Und arabische Israelis dürfen auch wählen. So könnte irgendwann eine arabische Mehrheit den Judenstaat regieren! Für viele Israelis ist das unvorstellbar.

Vor mir hörten drei US-amerikanische Studenten aus New York City ihrem Tourguide von »Birthright Israel« zu, der einen Cowboyhut trug. Stellen Sie sich unbedingt einmal zu solchen Gruppen und lauschen Sie der Geschichte Israels als einmaliger Erfolgsstory voller »amazing«, »unbelievable« und »great«. Die Guides bieten große Schauspielkunst, die braven deutschen Reiseleiter in der Altstadt wirken dagegen wie Grabredner.

Der Cowboyhut zeigte sich dann aber doch noch überraschend nachdenklich: »Meine Frau will das Land verlassen, wenn es nicht endlich Frieden gibt.« Die Gruppe merkte, das stand nicht im Redemanuskript von »Birthright Israel« und schwieg zunächst.

»Und was machst du dann?«, fragte eine Studentin schließlich.

»Ich folge meiner Frau natürlich«, antwortete Cowboyhut.

Auf dem Plateau oberhalb der Klagemauer stehen zwei der wichtigsten Gebäude für Muslime – der Felsendom und die Aqsa-Moschee. Wollte man eine Rangliste der heiligsten muslimischen Orte erstellen, so würde Jerusalem nach den Städten Mekka und Medina auf Platz drei stehen. Wer der goldenen Kuppel des Felsendoms einmal näher kommen will, der kann über eine Brücke an der Klagemauer den Gebetsplatz erreichen.

In die zwei besagten Gebäude auf dem Gelände dürfen jedoch nur Muslime. Und die Öffnungszeiten von sonntags bis donnerstags sind so gelegt, dass Andersgläubige bei keinem Gebet stören können. Das bedeutet, nicht muslimische Besucher teilen sich das riesige Plateau fast ausschließlich mit anderen Reisenden, was natürlich langweilig ist.

Bevor Sie so weit kommen, werden Sie von israelischen Sicherheitskräften kontrolliert. Nicht wundern, wenn an Ihrer Wasserflasche geschnuppert wird, das ist der Alkoholtest. Keinesfalls sollen Muslime provoziert werden, für die Alkohol aus Glaubensgründen »haram« ist.

So richtig spannend ist es für Sie als Besucher aber an anderen islamischen Orten, dort, wo Sie auch auf Muslime stoßen. Jede andere Moschee in Palästina dürfen Sie nämlich problemlos besuchen, auch zu Gebetszeiten. Es reicht, sich vor dem Gebet kurz einigen Besuchern vorzustellen, man wird Sie – und das meine ich wörtlich – an die Hand nehmen.

Sie ziehen sich die Schuhe aus, die rituelle Waschung führen jedoch nur Muslime durch. In der letzten Reihe auf dem Teppichboden sitzend, können Sie sich nun alles in Ruhe anschauen. Vorausgesetzt, Sie sind ein Mann. Als Frau wird es komplizierter, weil Frauen in vielen Moscheen nicht beten oder es eigene Bereiche für Frauen gibt. Da müssen Sie sich vorab im Hotel, in einem Geschäft oder Restaurant an das palästinensische Personal wenden. Jeder kennt jemanden, der Sie einmal mit in die Moschee nehmen würde, wenn vielleicht auch nicht zum Gebet, so doch zu einer kleinen Führung. Die Palästinenser sind Sunniten, gehören also der größten Glaubensrichtung des Islam an. In jedem kleinen Ort gibt es eine Moschee, während in größeren Städten wie Jenin oder Nablus Dutzende zum Gebet einladen.

Wenn Sie sehen wollen, was an einem Freitagsgebet in der Jerusalemer Altstadt los ist, wie sich Tausende dort treffen, so setzen Sie sich in ein Café. Und zwar auf dem Weg vom Damaskustor zur Klagemauer. Davor biegen die Muslime, von den Bussen vor dem Tor kommend, links in höhlenartige Zugänge zum Plateau ab.

Natürlich wittern Verkäufer an einem Gebetstag das große Geschäft, sie schreien ihre Sonderangebote in die Menge. Wer Gemüse einkauft, der kauft hier kein Pfund Tomaten, sondern gleich fünf Kilo. Die Verkäufer stopfen die vollen Gassen mit ihren Waren noch voller. Alles wunderbar zu erleben aus besagter Cafétisch-Perspektive.

Leider sind Gebetsfreitage auch Konflikttage. Es kann zu Protesten kommen, zu gewalttätigen Auseinandersetzungen. Was immer in der Woche geschah, oft entlädt sich der Frust, sobald alle Gläubigen zusammenfinden: wenn bei einer Militärkontrolle Palästinenser starben, wenn palästinensisches Gebiet für israelische Siedlungen hergenommen wurde oder wenn – ein tagesaktueller Grund – nicht alle beten dürfen, die beten wollen.

So gibt es von israelischen Behörden Vorschriften darüber, ab welchem Alter Palästinenser zum Gebet nach Jerusalem einreisen dürfen. »Ich muss dafür einen Antrag stellen«, erklärte mir eine junge Palästinenserin in Ramallah frustriert. »Das geht bei unterschiedlichen Büros und auf verschiedenen Wegen. Manchmal dauert es einen Tag, manchmal Wochen. Die einen sagen Ja, die anderen Nein. Der offizielle Grund? Sicherheitsbedenken.«

Wenn Sie mit Kindern reisen, rate ich Ihnen an einem Freitag von der Altstadt ab, egal, wie friedlich es gerade ist. Und wenn Sie in einem Café sitzen wollen, so suchen Sie sich eines aus, das auch drinnen genug Platz bietet. So haben Sie einen Rückzugsort, wenn es in den Gassen brenzlig wird. Auch ist es ratsam, sich nicht die engste Stelle auszusuchen, sondern einen Ort, von dem aus Sie problemlos über andere Wege weiterlaufen können. Alle Händler und Caféinhaber sind Krisenexperten, halten Sie sich an deren Rat und bleiben Sie im Zweifelsfall an deren Seite. Niemand wird Sie vor die Tür setzen, wenn es mal ungemütlich werden sollte.

Übrigens werden Sie auch ohne den Besuch einer Moschee auf betende Muslime treffen. Und das, egal, wo Sie sich befinden: Sie entdecken etwas Schönes im Schaufenster, betreten das Geschäft und suchen den Verkäufer. Der wiederum steht auf einem kleinen Teppich, Blick nach unten gerichtet, und bereitet sich auf das Gebet gen Mekka vor. Sie müssen nun nicht mit einem »Sorry« auf sich aufmerksam machen. Bleiben Sie im Laden, schauen Sie sich in Ruhe um, nach drei Minuten werden Sie wieder bedient.

Beten, auch in der Öffentlichkeit oder vor Fremden, gehört zum Alltag der Muslime. Praktizierende Gläubige beten fünf Mal am Tag, sehr wahrscheinlich also, jemanden dabei aus Versehen zu stören. Und wenn Sie bei Muslimen in Palästina zu Gast sind, wird vielleicht Ihr Gastgeber zwischendurch aufstehen und sich in eine Ecke des Raumes zurückziehen, während Sie mit anderen Familienmitgliedern weiterreden können.

Wenn Sie jüdische, christliche und muslimische Orte an einem Tag besuchen wollen, so stellen sich zwei Fragen: Was zieht man an, und wie soll man sich verhalten? Die Kleidungsfrage ist schnell gelöst – dank vieler Gemeinsamkeiten. So antwortete mir ein muslimischer Verkäufer religiöser Schriften auf die Frage, wie ich mich in der Moschee zu kleiden hätte: »Wie in der Kirche.«

Doch was heißt das bei den verschiedensten christlichen Glaubensrichtungen in Jerusalem? Damit wir auf der sicheren Seite waren, erkundigte ich mich bei einem griechisch-orthodoxen Mönch. Wer sich an die orthodoxen Regeln hält, macht in keiner Kirche etwas falsch, so mein Ansatz.

Der Mönch saß an einem schattigen Plätzchen am Eingang eines grünen Innenhofes in der Altstadt. Er trug seinen grauen Bart bis zur Brust, mit einer Hand fuhr er an ihm auf und ab, als wäre sie ein Fahrstuhl. »Kurzärmelig ist okay.« Dann deutete er auf seiner schwarzen Kutte die Linien eines Trägershirts an und schüttelte den Kopf.

Ich empfehle Frauen, auch die Beine zu bedecken und für den Fall der Fälle ein Tuch für den Kopf dabeizuhaben. Außerdem sparen Sie viel Geld. Denn vor manchen Eingängen spielen Geschäftemacher recht professionell den Kontrolleur. Ohne Kopfbedeckung in die Kirche? Mit diesem Rock etwa auch noch? Mit eindrucksvoller Gestik zeigen sie auf Verkäufer, die – welch Zufall aber auch! – fünf Meter neben ihnen stehen, vermutlich Cousins, wenn nicht Brüder. Sie verkaufen kunterbunte Stofffetzen aus billigem Polyester zu dreisten Preisen.

So viel zu Kirchen und Moscheen – wenn Sie als Frau eine der orthodoxen Synagogen der Altstadt besuchen wollen, wird es komplizierter. An so einem Ort lernte ich Natan kennen, einen Ultraorthodoxen, der aus Frankreich nach Israel eingewandert war. »Unter der Woche beten die Frauen zu Hause«, erklärte er mir. Sein Tipp: Wer vorbeischauen wolle, der solle abwarten, bis nur zwei, drei Betende im Raum seien. Nach erstem Blickkontakt könne man diese fragen, ob sie etwas dagegen hätten. Eine gute Besuchszeit zu finden ist somit praktisch kaum möglich. Sie werden fast immer in Büchern Blätternde, Lernende, Lehrende und Betende vorfinden.

Ich weiß, das hört sich nicht wie eine Einladung an. Aber sollte es klappen, brauchen Sie als Mann nicht zwingend eine Kippa für die Besichtigung, eine Schirmmütze tut es auch, Hauptsache, der Kopf ist bedeckt. Und wenn Sie als Frau eine Synagoge besuchen wollen, so vielleicht eher eine der konservativen oder liberalen.

Nun wollen Sie mit jemandem über Religion sprechen oder sich einen Tipp für den Besuch einer Synagoge, einer Kirche oder einer Moschee geben lassen. Oft ist es in Israel und Palästina nahezu unmöglich, die Religion seines Gegenübers herauszufinden. Und danach zu fragen ist keine gute Idee. Vor allem junge Palästinenser und noch mehr junge Palästinenserinnen sind hier leidgeplagt.

Für viele ist es ein langer Weg, sich vom Elternhaus zu emanzipieren, ihr eigenes Ding zu machen. Und die Fragen von uns Ausländern können nerven, zum Beispiel: »Du bist Muslimin? Aber du trägst doch kein Kopftuch!«

Die zumeist älteren Männer, die eine Gebetskette in der Hand halten, sind Muslime. Was aussieht wie der christliche Rosenkranz, ist die sogenannte Masbaha. Die Gläubigen zählen an den Perlen die 99 Namen Allahs auf oder beten jeweils 33-mal drei verschiedene Gebetsformeln. In vielen Cafés oder Geschäften zeigt der Wandschmuck gleich, welcher Religion der Inhaber angehört: ob Heiligenbilder mit christlichen Motiven oder eine gerahmte Kalligrafie bei Muslimen. Beliebt sind die besagten 99 Namen Allahs oder das Glaubensbekenntnis.

Wenn Sie ein jüdisches Geschäft in der Altstadt betreten, so müssen Sie nicht erst die Wände nach Symbolen absuchen. Schon am Eingang wissen Sie Bescheid – eine Schriftkapsel hängt rechts oben, Mesusa genannt. Sie finden diese kleine Box, oft aus Plastik, in ganz Israel auch an Türen von Hotelzimmern, Cafés, Wohnungen und Geschäften. Immer wieder sah ich orthodoxe Juden beim Eintritt auch mit der Hand über diese Kapsel streichen und danach die Finger küssen.

Sollten keine Symbole die Religion verraten, so empfehle ich Ihnen, das Thema erst einmal nicht anzusprechen. Später, unter Freunden, können Sie alles fragen. Seien Sie aber bitte nicht überrascht, wenn all diese Regeln Ihnen selbst gegenüber *nicht* beachtet werden. Die Frage, welcher Religion Sie angehören, die wird Ihnen nämlich immer wieder gestellt werden. »Masihi?«, will ein Palästinenser auf Arabisch von Ihnen wissen: »Christ?«

Sie können natürlich immer ehrlich sagen, welcher Religion Sie angehören. Sie werden auf Verständnis stoßen, auch wenn es nicht die Religion des Fragenden ist. Doch wenn Sie Atheist sind, so wird es nicht leicht werden. Oder anders gesagt: zeitintensiv. Erwarten Sie nicht, auch nach einer Stunde Diskussion nicht, auf Verständnis zu stoßen. Der Tenor in Palästina lautet: Keine Religion geht nicht.

Eine deutsche Freundin, die mit einem christlichen Palästinenser verheiratet ist, hat stundenlange Gespräche mit ihren Schwiegereltern hinter sich. Und sie hat eine Erklärung hierfür: »Religion und Identität gehören für die Palästinenser zusammen. Ohne Religion ist man niemand.« Lange Rede, kurzer Sinn, Sie entscheiden über die Antwort, ich wollte Sie lediglich über die Konsequenzen informieren.

Egal, wie Sie antworten, vor religiösen Eiferern sind Sie in der Jerusalemer Altstadt nie sicher, ganz gleich, ob es Juden, Christen oder Muslime sind. Für diese Art von Gläubigen erlauben die Heiligen Schriften keine Interpretation. Die Texte werden nicht im geschichtlichen Zusammenhang gesehen, für die Eiferer handelt es sich um klare Handlungsanweisungen und unantastbare göttliche Worte in Reinnatur.

Sollte man Sie ansprechen, werden Sie merken, dass Juden Andersgläubige nicht dazu auffordern zu konvertieren. Das ist eine Wissenschaft für sich, und viele, die es wollen, scheitern an den Herausforderungen. Vielmehr findet der Glaubenskampf innerhalb der jüdischen Gemeinde statt: welcher Rabbiner sagt was und steht damit auf welcher Seite. Ähnlich ist es bei den Christen in der Altstadt, die bereits untereinander viel zu diskutieren haben. Häufig sprachen mich hingegen muslimische Eiferer an.

»Glauben Sie an Gott?«, dient als lockere Einstiegsfrage. Vom Allgemeinen wird es schnell konkret, und dann kann es dauern, sehr lange dauern. Ich gehe damit pragmatisch um, wer mir in der Altstadt etwas über seine Religion sagen möchte, der darf das natürlich. Einzige Bedingung: Die Person folgt mir auf meinem Weg durch die verschlungenen Pfade, leistet mir Gesellschaft von Gasse zu Gasse. Und unter uns gesagt: Ein besseres Navi als einen ortskundigen Eiferer werden Sie durch dieses Labyrinth nie finden.

Wenn Sie mit Kindern reisen und die Altstadt gemeinsam erforscht haben, ist es spätestens am Nachmittag Zeit für eine Belohnung. So spannend die geschichtsträchtigen Mauern aussehen, richtig austoben kann man sich bei dem Altstadtgedränge eben nicht. Fünfzehn Taximinuten von der Altstadt entfernt, lässt sich das aber wunderbar nachholen. Und das Thema Religion bleibt aktuell.

Für uns gab es nichts Schöneres, als an einem warmen Nachmittag mit den Kindern den Jerusalemer Zoo zu besuchen. Gleich nach dem Eingang, hinter der Affeninsel, steigen Sie in den Zoo-Express und tuckern den Berg bis zur begehbaren Arche Noah hinauf. Die Zoodirektion muss den vielen orthodoxen Besuchern zuliebe einen schmalen Grat zwischen religiöser Schöpfungsgeschichte und Biologie beschreiten. Wieso auch auf jeder Schautafel über Darwin sprechen? Ein paar Minuten durch das Fenster zu den Schimpansen geschaut, erklärt eigentlich alles.

Von der Arche aus spazieren Sie immer bergab an Nil-pferden, Giraffen und Elefanten vorbei zum Abenteuerspiel-platz. Der Zoo ist nicht riesig, doch umso liebevoller gestal-tet. Und etwas Versöhnliches hat der Besuch auch: Empfand ich in der Altstadt das Nebeneinander der Religionen oft konfliktgeladen, so finden sich im Zoo auf einmal Juden, Muslime und Christen auf Familienausflug entspannt Seite an Seite.

Das wäre doch ein schöner Abschluss für einen nicht immer leichten Besuch Jerusalems.

# Hebräisch in vier Wochen oder Arabisch in vier Leben?

Und, wie geht's? Eine kurze Frage, die zu beantworten eine Wissenschaft für sich ist – im Hebräischen wie im Arabischen. »Manischma?«, fragen Sie eine Israelin oder einen Israeli auf Hebräisch. Diese Frageform gilt für beide Geschlechter. Die Antwort ist zu weit über 50 Prozent »beseder«. Und das heißt »in Ordnung«. Je nach Betonung kann es aber von »mir geht's super« bis »mir geht's sehr schlecht« alles bedeuten. Wird es eher genervt ausgesprochen, eventuell lang gezogen? Eher etwas schluderig? Vielleicht auch leicht gesungen oder mit breitem Grinsen?

Eigentlich müssen Sie nicht wissen, was »beseder« übersetzt heißt, weil Gestik und Mimik Ihre Frage beantworten. Die Körpersprache macht es! Und Körper samt Händen haben viel mitzuteilen in Israel und Palästina. »Beseder« lässt sich übrigens auch erweitern zu »hakol beseder« (»alles in Ordnung«) oder »beseder gamour« (»alles bestens«), was aber – siehe oben – eben auch »alles ist schlecht« heißen kann. Beliebt in politischen Krisenzeiten, also fast immer, ist auch »ihie beseder«, frei übersetzt, »es wird schon gut ausgehen«.

Mit einem »Wie geht's?« und einer fixen Antwort ist auf israelischer Seite auch alles geklärt. In Palästina ist diese Frage der Auftakt zu einer Reihe Folgefragen mit ein- und demselben Inhalt: »Wie geht's?« Folgenden Dialog hörte ich in Palästina im Radio hundertfach.

Ein Hörer ruft im Studio an, und der Moderator fragt: »Kief halak?« (»Wie geht's?«)

Hörer: »Il-Hamdulillah.« (»Gott sei Dank!«, gemeint ist: »Gott sei Dank, gut!«)

Moderator: »Kief sachtak?« (»Wie ist es um deine Gesundheit bestellt?«)

Hörer: »Il-Hamdulillah.«

Moderator: »Schu achbarak?« (»Was gibt es Neues?«)

Hörer: »Il-Hamdulillah.«

Moderator: »Kull ischi quaies?« (»Ist alles gut?«)

Hörer: »Il-Hamdulillah.«

Das liest sich länger, als es tatsächlich ist. Im Schnitt dauert es nur sechs Sekunden. Fast immer richtet auch der Hörer einige »Wie geht's?«-Variationen an den Moderator. Doch so vielseitig die Fragestellung, so einseitig die Antwort: »Il-Hamdulillah.« Auf der Straße fallen solche Einleitungsdialoge noch umfassender als im Radio aus. Gern wird sich auch nach dem Befinden der Verwandtschaft erkundigt. Und natürlich: »Kief isch-schurul?« (»Wie läuft's auf der Arbeit?«) Die Antwort kennen Sie schon.

Varianten sind manchmal »tamam«, was »alles okay« bedeutet, oder »quaies«, »gut«. Doch das Prinzip bleibt gleich: Auf alle Fragen zu Befindlichkeiten wird positiv geantwortet – da kann die Welt untergehen, egal, das Gesicht wird gewahrt. Und in der zumeist traditionellen Gesellschaft geht es nicht darum, ausführlich alle Details in Erfahrung zu bringen oder dem anderen sofort sein Leid zu klagen. Vielmehr ist die ausführliche Begrüßung ein Ritual, eine Abfolge von vorgegebenen Fragen und Antworten. Mehr ein Zeichen von Respekt als ein Mittel zur Informationsgewinnung.

Natürlich sind die Ausdrucksmöglichkeiten im Hebräischen und vor allem Arabischen noch weitaus reicher, als die Beispiele womöglich andeuten. Auf Arabisch *könnten* Sie bei schlechter Stimmung theoretisch »sai sift« sagen, also »besch…« – aber machen Sie es bloß nicht! »Sai sift« hörte ich zum ersten Mal von einem jungen Deutschen, der in Jerusalem stolz seine Arabischkenntnisse demonstrieren wollte. Palästinenser neigen hingegen dazu, trotz aller dramatischen Ereignisse das eigene Befinden zu beschönigen.

Im Hebräischen können Sie von »tov me'od« (»sehr gut«) bis »kacha kacha« (»es geht so«) vieles auf die »Wie-geht's?«-Frage antworten. Doch ich will Ihnen in diesem Kapitel ja auch ein Stück Mentalität und Lebenseinstellung erläutern, da kommen wir an Pauschalierungen leider nicht vorbei, und so bleibt es bei »beseder« auf der einen und bei »il-Hamdulillah« auf der anderen Seite.

Die allseits passenden Begrüßungen, die man von Ausländern gern hört, haben Sie ebenso schnell gelernt: »Schalom« (»Frieden«) in Israel und »as-Salamu aleikum« (»Friede sei mit dir«) in Palästina. Die Antwort lautet hier: »Wa-aleikum as-salam« (»… und der Frieden mit dir«). Auf das hebräische »Schalom« antwortet man einfach mit »Schalom«. Israelis und Palästinenser begrüßen sich natürlich vielseitiger, und es macht einen Unterschied, ob die Person religiös ist oder nicht, ob es sich um einen palästinensischen Christen oder Muslim handelt, ob man sich schon seit Jahren kennt oder zum ersten Mal sieht.

Bei der Begrüßung wie auch bei vielen weiteren Redewendungen und Gesprächsinhalten beobachte ich zwei unterschiedliche Tendenzen: In Israel geht es oft geradeaus zum
Ziel. Wieso Zeit verschwenden, um etwas, das nun einmal
gesagt werden muss, lange hinauszuschieben? In palästinensischen Gesprächen ist hingegen der Weg das Ziel. Wieso
zu schnell sagen, worum es geht, damit könnte man ja womöglich jemanden vor den Kopf stoßen. Beides hat natürlich Vor- und Nachteile.

Für Sie heißt das: Auch wenn Sie in Israel Englisch und
nicht Hebräisch sprechen, reden Sie stets Tacheles. Aus
gutem Grund stammt dieses Wort aus dem Jiddischen. Sagen
Sie unbekümmert, was Sie über ein Thema denken. Das
gehört zur Diskussionskultur des Landes. Dagegen sollten
Sie in Palästina ein wenig bedachter an Themen herange-
hen und überlegen, ob Sie nun wirklich Ihren Standpunkt
erläutern wollen. Unter neu gewonnenen Freunden ist das
dann natürlich etwas anderes. Oberstes Tabuthema bleibt
auch da die Religion.

Das Arabische ist durch den Islam geprägt, und religi-
öse Wörter und Redewendungen gehören zum Alltag. Als
Süddeutscher kenne ich den Einfluss von Religion auf die
Sprache nur zu gut – mein Kindheitsalltag war voller »Grüß
Gott« und »Gottverdamminomol«. So fand ich mich in Paläs-
tina gut mit den vielen Allah-Redewendungen zurecht. Ein
Wort, das Ihnen immer begegnet: »Inschaallah«, das heißt
»So Gott will«. Mein Alltag war dadurch nicht frei von Pro-
blemen:

»Sehen wir uns morgen?«

»Inschaallah!«

»Sagen wir neun Uhr?«

»Inschaallah!«

»An diesem Ort?«

»Inschaallah!«

Sehnsüchtig wünschte ich mir ein »Natürlich« oder »Abgemacht« oder ein schlichtes »Ja«, also ein Wort, das Verbindlichkeit ausdrückt. Bis ich irgendwann begriff, dass »Inschaallah« sehr verbindlich gemeint ist: »So ist es, es sei denn, es kommt etwas dazwischen, was ich nicht beeinflussen kann.« Doch auch nach dieser Erkenntnis war es nicht immer einfach.

Als unser ältester Sohn nach einem bösen Sturz operiert werden musste, fragte ich den Arzt besorgt: »Gibt es Folgeschäden?« Neben dem Bett stehend, antwortete er in aller Ruhe: »Inschaallah, nein.« Da hätte ich mir natürlich eine differenziertere und medizinisch fundierte Auskunft gewünscht.

Ansonsten ist man in Israel und Palästina verbindlich. Man hält sich an Verabredungen und Zeitangaben. Natürlich ist orientalisch pünktlich nicht gleich deutsch überpünktlich; hat der andere fünf Minuten Verspätung, glaubt man nicht gleich, man sei vergessen worden. Und zwanzig Minuten vor dem vereinbarten Zeitpunkt taucht auch keiner auf. Vielmehr sollten Sie eine gewisse Kulanz von zwanzig Minuten (Israel) bis 120 Minuten (Palästina) walten lassen.

Auch lohnt es, sich ein paar Stunden vor dem Treffen den Termin bestätigen zu lassen. Und wenn Sie zum vereinbarten Zeitpunkt angekommen sind, machen Sie ruhig noch einen zweiten Anruf mit der Ansage: »Ich bin jetzt da.« Das wird ohne forsche Nachfrage (»Und du? Wo steckst du gerade?«) verstanden.

Kann natürlich sein, Ihr Termin erscheint nicht, weil die Tage verwechselt wurden. Das kann leicht vorkommen. Der erste Tag der Woche ist bei Israelis und Palästinensern nicht unser Montag, sondern unser Sonntag. Wenn man sich an einem Montag verabredet, so sagt man auf Hebräisch »yom scheni« und auf Arabisch »yom it-tnein«, was beides »der zweite Tag« bedeutet. Ein Palästinenser, mit dem ich zu tun hatte, zählte immer wieder die Tage auf, damit wir uns einig waren, welcher Tag der vereinbarte Donnerstag war. Oder ich zählte, weil ich es angeberisch unbedingt auf Arabisch sagen wollte.

Nun kommt Ihr Termin also zu spät. Nutzen Sie diese Zeit und lernen Sie die faszinierenden Sprachen beim Warten besser kennen. Reden Sie mit dem Kellner, den Menschen am Nachbartisch und den anderen Wartenden um sich herum.

Ich fragte Deutsche, die schon lange in Israel und Palästina leben, wie sie den Zugang zur Sprache gefunden hätten. Ein Psychologe erklärte mir in Palästina: »Ich zeigte am Anfang immer auf etwas und fragte Kinder: ›Schu hada bil arabi?‹ (›Was ist das auf Arabisch?‹) Kinder antworten so gern, weil es ja auch ihre Weise ist, die Welt zu entdecken, immer zu fragen und zu fragen.«

Eine Bekannte aus Jerusalem empfahl ebenfalls, mit Kindern zu sprechen: »Der Satzbau und die Wortwahl ist noch einfacher als bei den Erwachsenen.« An einem richtigen Sprachlehrer und dem Pauken der jeweiligen Vokabeln kamen beide Deutsche natürlich trotzdem nicht vorbei.

Wer erste Freunde gefunden hat, der kann stundenlang üben und mit seiner Aussprache eine Großfamilie unterhalten. Als Lernender war ich stets die Zirkusnummer. Das Hebräische klingt für unsere Ohren sehr »ch«-haltig, doch alle Buchstaben des Alphabets lassen sich problemlos aussprechen. Erst ihre Kombination macht es spannend. So werden einige von ihnen unterschiedlich ausgesprochen, je nachdem, wo sie im Wort stehen – zum Beispiel kann »b« (bet) zu »v« (vet) werden.

Richtig komplizierte Regeln und Aussprachen sind rar, weil heute in Israel ein modernes Neuhebräisch gesprochen wird, nicht das Bibel-Hebräisch. Die modernisierte Fassung formten europäische Einwanderer, und vielleicht finden deswegen auch viele Deutsche einen schnellen Einstieg.

Die israelische Akademie für hebräische Sprache entscheidet darüber, welche neuen Worte aufgenommen werden müssen – offiziell zumindest. Der Anfang der 1950er durch Regierungsbeschluss gegründeten Institution gehören Sprachwissenschaftler, Schriftsteller und Übersetzer an. Vor Jahren wollten sie das Wort »Mirschetet« einführen. Darin enthalten ist das hebräische »Reschet« für »Netz«. Das so gar nicht hebräische Wort »Internet« sollte damit ersetzt werden. Außer der Kommission interessierte das jedoch keinen so richtig. Somit heißt das Internet in Israel weiterhin Internet.

Im Arabischen fehlt diese Modernisierung der Sprache zum Leidwesen vieler. Zweifelsfrei ist das Hocharabisch, wie es in den Zeitungen zu lesen und von den Fernsehmoderatoren zu hören ist, eine wundervolle Sprache mit Tausenden Vokabeln, mannigfaltiger Grammatik, herausfordernder und schön anzuhörender Aussprache und bildhaft aussehenden Buchstaben. Doch beherrschen es wenige Einheimische auf diesem Niveau in Wort und Schrift. Das Hocharabisch ist viel zu komplex. Und es wartet bis heute auf eine Übertragung ins 21. Jahrhundert.

So behilft man sich, und die gängige Sprache ist nicht das hocharabische Fusha, sondern die Umgangssprache Ammiya. Im Gegensatz zu Hocharabisch ist die Aussprache von Ammiya von Region zu Region unterschiedlich. Palästinenser, Syrer, Jordanier und Libanesen haben einen anderen Dialekt als die Ägypter. Und im Irak wird anders gesprochen als in Saudi-Arabien.

Wenn Sie mit Palästinensern reden, so werden diese vermutlich eher Ammiya mit Ihnen sprechen als Fusha. Und wenn Sie sich das Umgangsarabisch ein wenig genauer anschauen wollen, empfehle ich Ihnen Bücher, Apps und Internetseiten, die auf diese Sprache eingehen.

Vor langer Zeit besuchte ich an einer palästinensischen Universität zwei Kurse im selben Semester: einmal Hocharabisch in Wort und Schrift, einmal einen Ammiya-Kurs. Dort lernten wir die vereinfachte Grammatik, weit weniger Vokabeln und schrieben diese in transkribierter lateinischer Schrift, die uns bei der Aussprache helfen sollte. Als Resultat war ich am Ende des Semesters so verwirrt, dass ich Hocharabisch und Ammiya ständig durcheinanderbrachte und frustriert die Flinte ins Korn warf.

Als ich wieder zu Hause in Deutschland war, schaltete eine nicht Arabisch sprechende Bekannte den Fernseher ein. Sie wählte den arabischen Nachrichtensender al-Dschasira und zeigte auf den News-Ticker am unteren Bildrand. Hunderte arabische Schriftzeichen rauschten fast mit Lichtgeschwindigkeit von rechts nach links. »Und? Was steht da?«, wollte die Bekannte wissen. Fließend und fehlerfrei trug ich vor, was ich auf dem Weg zu ihr im Radio gehört hatte. Tief beeindruckt von meinem arabischen Sprachtalent, schaute sie mich an. Was soll ich dazu sagen? Ich hatte keine Wahl. Wer glaubt ernsthaft, diese Sprache in einem Jahr lernen zu können?

Die Aussprache bleibt auch bei Ammiya herausfordernd, und für manche Laute braucht es viel Übung, damit sie richtig klingen. Der beeindruckendste ist zweifelsfrei ein »H«, das alles andere als ein profanes »H« ist. Im empfehlenswerten

»Kauderwelsch«-Büchlein beschreiben Hans Leu und Iyad al-Ghafari dieses »H« folgendermaßen: »Ein kräftig gehauchtes ›h‹, das fast ein ›ch‹ erreicht.« Und sie erklären: »Wenn man die Silbe ›ha‹ so laut wie möglich flüstert, kommt man dem Klang nahe.« Sie ahnen, was da auf Sie zukommt. Im Arabischen treten auch auf: ein gerolltes Zungen-R, ein am Zäpfchen gerolltes »R«, ein tief von der Kehle ins Tageslicht gestoßenes »A« und viele weitere Akrobaten.

Wie in Israel gilt auch in Palästina: Wenn Sie mit neu gewonnenen Freunden, dem Taxifahrer oder dem Hotelmitarbeiter üben, so haben beide Seiten etwas davon: Sie lernen schnell, und Ihr Gegenüber amüsiert sich. Sagten Sie eben »Choury« oder »Huri«? Das eine ist ein häufiger Nachname, das andere sind die Jungfrauen im Paradies, wie sie im Koran erwähnt werden. Sagten Sie »schmal« (»links«) oder »dschamal« (»Kamel«) zum Taxifahrer?

Hinzu kommt eine weitere Finesse. Manche Ammiya-Wörter klingen selbst in Palästina von Ort zu Ort anders. Manchmal heißt es nicht »kief« (»wie?«), sondern »dschief«. Sagt man in einer Stadt noch »Ahwe« (»Kaffee«), so wird das Nationalgetränk ein paar Kilometer entfernt »Qahwe« genannt.

In Israel heißt der beliebteste Kaffee »Hafuch« – das ist der israelische Cappuccino. Das Hebräische ist übrigens dialektfrei. Lediglich anhand der Wortwahl erkennen Einheimische manchmal, ob ihr Gegenüber aus einem religiösen Teil Jerusalems, der Wüstenstadt Mitzpe Ramon oder aus Tel Aviv kommt. Doch haben Neueinwanderer aus Russland einen anderen Akzent als die Immigranten aus den USA oder Nordafrika. Spätestens bei ihren in Israel auf die Welt gekommenen Kindern ist von dieser Färbung aber nichts mehr zu hören.

Deutlich zu erkennen ist auch, ob der Hebräisch sprechende Israeli ein arabischer Muttersprachler ist. Er spricht die aus dem Arabischen stammenden in Israel vorkommenden Wörter korrekter aus, sagt »Hamas« statt wie die Israelis »Chamas« oder »Hummus« statt »Chummus«. Arabische Muttersprachler können einerseits arabische Israelis sein, andererseits aus arabischen Ländern eingewanderte Juden. Politisch ist das ein großer Unterschied: Arabische Israelis sehen sich oft als Palästinenser oder palästinensische Bürger Israels, wie gesagt, sie sind Muslime oder Christen, die während des Krieges von 1948/49 in Israel blieben.

Für sie ist das Leben dort voller Widersprüche. Viele haben Verwandte in Palästina und wissen daher, wie es ist, unter Besatzung zu leben. Andererseits genießen sie die vielen Privilegien eines israelischen Staatsbürgers: von der guten Gesundheitsversorgung bis zur Reisefreiheit. Doch gelten sie als Nichtjuden in anderen Bereichen als Bürger zweiter Klasse – allem voran bei Sicherheitskontrollen und Karrierefragen.

Sayed Kashua ist ein arabischer Israeli, der über die Landesgrenzen hinaus bekannt ist. Seine Identität und alle damit verbundenen Irrungen und Wirrungen thematisiert er in seinen Romanen, Drehbüchern und Kolumnen. Seine Werke zeigen sehr klug: Wenn man als arabischer Israeli zu israelisch wird, auch wenn man das sehnlichst will, so ist das nicht nur ein Problem für viele Israelis, sondern auch für die eigene arabische Familie. Sayed Kashua ist übrigens aus Sorge vor der antiarabischen Stimmung in Israel in die USA gezogen. Er schreibt dort auf Hebräisch. Kein Film zeigt dieses Identitätenkarussell der arabischen Israelis so gut wie »Mein Herz tanzt«. Sayed Kashua schrieb das Drehbuch, das auf seinem autobiografischen Roman beruht.

Der Protagonist ist ein arabischer Israeli. In einer Szene sitzt er im Zimmer eines kranken jüdischen Landsmanns. Eigentlich sollte der Protagonist im Rahmen eines sozialen Projektes nur ein wenig Zeit mit ihm verbringen. Doch im Laufe des Filmes verliebt er sich nicht nur in eine Jüdin, sondern der jüdische Israeli wird auch zu seinem besten Freund.

»Ich vergesse manchmal, dass du Araber bist«, sagt der jüdische zum arabischen Israeli.

»Geht mir auch so«, antwortet der.

Darauf der Freund: »Keine Sorge, es gibt immer welche, die dich daran erinnern.«

Juden aus Ländern, in denen Arabisch gesprochen wird, heißen Mizrachim. Obwohl sie jüdische Israelis sind, erfahren sie wie ihre nicht jüdischen Sprachverwandten vielerorts Diskriminierung. Werden die palästinensischen Israelis oft als Bürger dritter Klasse behandelt, so stiegen die Mizrachim über die Jahre in die zweite Klasse auf. Zunächst wurden sie in die Araber-Schublade gesteckt, und die Liste der Vorurteile war lang. Früher blieben diese Einwanderer meist unter sich, und das über Generationen hinweg. Das ist heute anders, und immer wieder gibt es Aufsteiger, die allen anderen Hoffnung machen.

Sprachlich gibt es zwischen Hebräisch und Arabisch viele Gemeinsamkeiten, es sind beides semitische Sprachen. Also Sprachen von Völkern, die ihre Wurzeln im vorderen Orient haben. Viele Wörter klingen ähnlich, bei der Grammatik gibt es Parallelen. Auch wird Arabisch wie Hebräisch von rechts nach links geschrieben und gelesen.

Wer Hebräisch gewissenhaft lernen will, der kommt auch in Israel an einem Kurs nicht vorbei. Der beliebteste ist ein Intensivkurs und heißt Ulpan, was schlicht »Unterricht«

bedeutet. Ein Ulpan kann vielerorts und das ganze Jahr über besucht werden – ob bei kleinen Privatanbietern oder an der renommierten Hebräischen Universität in Jerusalem. Er ist gut strukturiert, didaktisch durchdacht und praxisnah. Manchen gefällt dieses Modell dennoch nicht, weil hier und da Landeskunde ein wenig zu unkritisch vermittelt wird. Daher gibt es Anbieter, die ihren Kurs beispielsweise »Das ist kein Ulpan!« nennen. Doch wer einen kritischen Blick behält und die Sprache zügig lernen will, der kann einen längeren Aufenthalt im Land problemlos mit einem Ulpan verbinden.

In Palästina gibt es kein standardisiertes Lernen wie den Ulpan. Meine Kurse an der Universität von Bir Zeit bei Ramallah waren – wie soll ich es formulieren – interessant. Ich lernte zunächst die Wörter für »Soldat« (»dschundi«) und »Panzer« (»dabbaba«) und erst viel später die für »Teller« (»sahen«) oder »Reis« (»ros«). Ich war Militärfachmann, bevor ich etwas zu essen bestellen konnte. Doch ich lernte andere Studierende aus Palästina kennen, die für mich wiederum engagierte Lehrer waren und mich zu sich und ihren Familien nach Hause einluden. So lohnte sich der mühsame Kursbesuch doch noch.

Wer länger bleibt, dem empfehle ich, sich in Palästina einen Privatlehrer zu suchen. Leider wechseln die Adressen und Ansprechpartner alljährlich, wenn nicht halbjährlich. Viele der Lehrer, die gut Englisch können, versuchen ihr Glück über kurz oder lang im Ausland oder bei einer internationalen Organisation in Ramallah. Fragen Sie dort, wenn Sie einen zuverlässigen Sprachlehrer suchen. Viele der internationalen Mitarbeiter kennen einen Privatlehrer.

Oder erkundigen Sie sich gleich im Goethe-Institut. Das gilt auch für Israel. Die deutsche Kultureinrichtung hat Filialen in Tel Aviv, Jerusalem und Ramallah. Dort finden Sie im Café, in der Bibliothek oder den Kursräumen Palästinenser, die Deutsch lernen wollen. Und schon haben Sie einen Tandem-Partner! Im traditionellen Palästina empfehle ich Ihnen auch für diesen Anlass: Männer nur mit Männern, Frauen nur mit Frauen.

Nun haben Sie aber weder Zeit oder Lust, einen Tandem-Partner zu finden, noch einen Kurs zu besuchen, noch den Übersetzer Ihres Smartphones, geschweige denn ein Büchlein zu konsultieren? Ich fragte meine deutsche Bekannte in Jerusalem nach den fünf wichtigsten Wörtern für ihr Gastland: »Schalom« (»Frieden«, als Begrüßung), »toda« (»danke«), »slicha« (»Entschuldigung«), »yalla« (eigentlich Arabisch für »auf geht's!«) und »lehitraot« (»tschüss«).

Eine höfliche und etwas distanzierte, also recht deutsche Auswahl. Vor allem, wenn man die kleine Liste mit den fünf Wörtern vergleicht, die mir ein israelischer Freund aus Tel Aviv aufzählte: »Yalla«, »walla« (»echt jetzt?«), »achi« (»Bruder«), »alan« (»Tag«, als Begrüßung) und »lachaim« (»zum Wohl«). Auch hier ist der arabische Einfluss hörbar.

Als ich eine befreundete Palästinenserin nach den fünf wichtigsten Wörtern für Reisende fragte, zählte sie auf: »Maschaallah« (»in Gottes Namen«), »Allah karim« (»Allah ist großzügig«), »il-Hamdulillah« (»Gott sei Dank«), »inschaallah« (»so Gott will«), »bikaffi« (»genug«). Sie erraten es, die Freundin ist sehr religiös und stammt aus einer traditionellen Familie.

Die Top fünf von Aref Hidschawi, einem der renommiertesten Journalisten Palästinas, ist da eher praxisorientiert: »Schwei« (»langsam« und »ein bisschen«), »biddi« (»ich will«), »matam« (»Restaurant«), »wen« (»wo?«), »arouch« (»ich gehe«). Daraus ließe sich schon die Kombination »biddi arouch la« (»ich möchte nach ...«) bauen.

Aref Hidschawi arbeitete früher für die BBC, heute unter anderem für al-Dschasira, er verfasste ein halbes Dutzend Bücher über die arabische Sprache, manche über 300 Seiten dick. Ich fragte ihn nach dem ultimativen Tipp für Reisende, die Arabisch lernen wollen, und er empfahl mir: »Vergessen Sie die Grammatik! Sprechen Sie mit den Leuten. Lernen Sie Vokabeln.« Ein israelischer Freund riet etwas Ähnliches für seine Sprache: »Klinge nicht wie ein Wörterbuch, klinge wie du selbst.« Ich versuchte all das gewissenhaft und endete doch bei der denkbar einfachsten, allerdings auch teuersten Lösung: Für meine Recherchen arbeitete ich oft mit Übersetzern zusammen. Natürlich erleichterten sie mir auch den Zugang zu den Menschen, halfen mir dabei, mich richtig zu verhalten und Gefahren richtig einzuschätzen. Denn etliche Recherchen richteten sich mehr auf den Krieg als den Frieden.

Unvergessen die Peinlichkeit an einem feuchtheißen Tag in Tel Aviv. Ein Tag ohne Übersetzer, ich wollte einen israelischen Veteranen interviewen. Der seit Jahrzehnten Kriegsversehrte kam langsam auf mich zu, reichte mir die Hand – und was tat ich? Ich begrüßte den israelischen Offizier im Ruhestand mit einem freundlichen Lächeln und dem Wort »Marhaba« – das ist Arabisch und heißt »Guten Tag«. Seine Frau antwortete für den erstarrten Veteranen in strengem Ton: »Bei uns heißt das ›Schalom‹!«

Wenn Sie eine ähnliche Neigung zu Sprachverwirrungen haben wie ich, so empfehle ich Ihnen, beim Englischen zu bleiben, das wird fast überall verstanden. Und wenn nicht, so wird für Sie jemand gesucht oder angerufen, der flink übersetzen kann. In Kombination mit Händen und Füßen erreicht man viel in diesen zwei Ländern, schon deswegen, weil die Körpersprache eine so wichtige Rolle spielt.

Eine mimische Besonderheit in Palästina, die Sie leicht missverstehen könnten, will ich anhand eines Beispiels erklären. Sie stehen abends am Busbahnhof in Ramallah und fragen, ob noch ein Fahrzeug abfährt. Ihr Gegenüber schnalzt leise mit der Zunge am Gaumen und ruckt den Kopf dabei nach oben. Es sieht in etwa aus wie: »Lass mich mit deiner blöden Fragerei in Ruhe.« Doch gemeint ist: »Das tut mir sehr leid. Es fährt kein weiterer Bus.« Kurz gesagt, Gaumenschnalzen mit Kopfrucken heißt schlicht »nein« und ist nicht unhöflich. Auch in Israel wird auf diese Weise verneint, jedoch ist der Kopf weniger in Bewegung.

Die wichtigste Handgestik lädt ebenso zu Missverständnissen ein. Die Finger der rechten Hand werden zusammengeführt und zeigen mit angewinkeltem Oberarm nach oben. In Italien heißt diese Handgeste in etwa »was soll das?« und kann, je nachdem, wie schwunghaft sie in Richtung Körper ausgeführt wird, einen handfesten Streit auslösen. In Palästina und Israel geht der Schwung nicht zum Körper, sondern die Hand wird locker ein-, zweimal nach oben und unten gewippt. Die Bedeutung ist friedlich und will sagen: »Langsam bitte.« Oder: »Moment. Lass mich doch mal bitte ausreden.«

Die friedfertigen Beispiele sollen nun nicht bedeuten, dass es nicht auch mal laut werden kann. Ganz im Gegenteil, die Machokultur ist in Israel wie Palästina ausgeprägt. In zahlreichen Situationen war ich nah dran, zwei sich anbrüllenden, kräftig schubsenden Männern mit einem Anruf bei der Polizei das Leben zu retten. Doch das taten sie dann stets selbst. Ohne meine Hilfe und glücklicherweise ohne Polizeieinsatz. Bereits Sekunden nach dem hitzigen Meinungsaustausch umarmten sich beide wie ein unzertrennliches Liebespaar.

Zur Körpersprache gehört auch die körperintensive Begrüßung. In Israel sind Küsschen bei Männern und Frauen auch gemischt möglich – in Palästina nur unter Männern oder nur unter Frauen, von der modernen Ramallah-Clique, den oberen Fünfprozent, abgesehen. Doch selbst in dieser Schicht küssen sich Männer und Frauen so gut wie nie in der Öffentlichkeit, selbst wenn sie verheiratet sind. Nichtsdestoweniger kann es sein, dass junge Palästinenser ihr Glück versuchen und der ebenso jungen, gerade eingereisten Ausländerin etwas anderes weismachen wollen. Ein fauler Trick, der erstaunlich oft funktioniert.

In Palästina gibt es unter Männern oder unter Frauen je nach Freundschaftsgrad drei oder mehr Küsschen. Wobei die Ausführung im Wechsel von linker zu rechter Wange einem gewissen Rhythmus folgt. Einmal landeten meine Lippen auf denen meines Gegenübers, der zwar weitaus geübter war, mein Abrutschten – und damit mein gesellschaftliches Ausrutschen – aber dennoch nicht verhindern konnte.

In Israel wie Palästina ist das Händereichen beliebt, und es wird umarmt, sich gedrückt und auf die Schulter oder die Schenkel des anderen geklopft. Auch hält man sich bei manchen Gesprächen gern aneinander fest. »Wir sind Nah-Sprechende«, erklärte mir Yael, eine israelische Sprachforscherin.

Wir saßen in einer Kneipe in Tel Aviv, umgeben von Nah-Sprechern, und sie stellte klar: Das, was ich hier sah, bedeutete nicht mehr, als miteinander zu reden. Gut zu wissen, gerade dann, wenn man so wie ich zum Treffen in Tel Aviv aus dem traditionellen Palästina angereist ist.

Eine große Variation an Begrüßungen mit Körpereinsatz finden Sie, je weiter Sie die Städte hinter sich lassen und sich aufs Land bewegen. Bevor mir ein junger Palästinenser in einem kleinen, eine halbe Stunde von Ramallah entfernten Dorf den Weg zeigte, küsste er die eigene Hand und reichte mir diese zum Händeschütteln. Eine besondere Ehrerbietung, und Sie sollten da nicht allzu lange nachdenken, sondern die Hand herzlich ergreifen. Es mag sein, dass Sie für den Bewohner der erste Fremde in seinem Dorf sind.

Doch bevor Sie nun nach dem Weg fragen, erkundigen Sie sich ruhig noch nach seinem Wohlbefinden (»kief halak?«, »wie geht's?«), seinem Namen (»schuh ismak?«), sagen Sie, woher Sie kommen (»ana min almania«) und wie Sie heißen (»ismi …«). Auf dem Land wird in Palästina noch mehr Wert auf Rituale gelegt. Zugleich stellen Sie bei der ausführlichen Vorstellung Ihrer Person sicher, dass keiner Sie für einen Israeli hält, der den Weg zur Siedlung vergessen hat.

Noch ein Wort zum Händeschütteln und der Geschlechtertrennung in Palästina. Unüblich ist für den Mann, der Kopftuch tragenden Frau die Hand zu reichen. Manche machen bei Ausländern eine Ausnahme. Warten Sie ab, ob Ihnen die Kopftuch tragende Frau bei einer Begrüßung die Hand reicht oder dies andeutet. Und ein großzügiges Nicken oder eine leichte Verbeugung mit dem Oberkörper ersetzt einen Händedruck allemal auf höfliche Weise.

Im Nachbarland gelten all diese Regeln nur bei den ultrareligiösen Familien.

Israel ist ein Land voller Individualisten. So wie in Deutschland verlässt man früher oder später seine Eltern, baut ein eigenes Leben auf, macht sein eigenes Ding. Jedoch besteht ein entscheidender Unterschied: Der Kontakt bleibt sehr eng – vor allem die Mütter fragen gern mehrmals die Woche, wenn auch nur telefonisch, das Wohlbefinden ihrer Kinder ab. Dachte ich anfangs, es handele sich um ein Stereotyp der jüdischen Klammermutter, widersprachen mir leidgeplagte erwachsen gewordene Kinder, die manchmal gern etwas mehr Abstand hätten. Kein Wunder, dass sich unzählige Witze mit genau diesem Thema beschäftigen.

In Palästina haben es Individualisten schwer, die Gesellschaft ist kollektivistisch. Die Familie und ihr Zusammenhalt stehen an oberster Stelle. Wenn eine Frau heiratet, so zieht sie häufig ins Haus der Schwiegereltern, falls möglich, wird auf dem Flachdach eine Etage aufgestockt. So entstanden über die Jahre imposante Bauwerke, denen man, statisch gesehen, nie zugetraut hätte, vier Stockwerke zu tragen. Doch der Trend geht langsam zur eigenen Wohnung, wenn auch in der Nachbarschaft oder zumindest derselben Stadt.

Ich kenne einige junge Ehemänner, die mehr Zeit bei ihrer Mama verbringen als bei ihrer Frau. Da beide im selben Haus leben, ist der Weg auch nicht allzu lang. Für Sie ist das ein klarer Vorteil: Wenn Sie irgendwo zu Gast sind, werden Sie die Familie in drei Generationen kennenlernen.

Eine kollektivistische Gesellschaft kann für reisende Individualisten aber auch mal herausfordernd sein. Allein ein Buch zu lesen ist schwer, immer wird man Sie ansprechen wollen, fragen, ob alles in Ordnung ist, ob man Ihnen helfen kann. Irgendwann will man einfach seine Ruhe. Meine Empfehlung lautet daher immer, in Palästina nie beim Hotelzimmer zu sparen. Das ist Ihr Rückzugsort.

In Israel sind Sie Individualist unter Individualisten, Sie können allein am Strand liegen, allein wandern, allein abends essen gehen und bei einem Glas Wein allein an der Bar ein Buch lesen. In Palästina – jedoch nicht überall in Ramallah – wird sich alsbald ein anderer Gast für Sie zuständig fühlen. Wenn kein Gast da ist, übernimmt diese Fürsorge der Wirt. Manche empfinden dieses ständige Umeinanderkümmern auch als irritierend, zuweilen sogar grenzüberschreitend.

Eine Freundin aus Deutschland brachte ihr Kind im legendären Hadassah-Krankenhaus in Jerusalem zur Welt. Sie teilte das Zimmer mit Palästinenserinnen, jedoch waren die Betten mit Vorhängen voneinander abgeschirmt. Die Freundin stillte ihr Baby, eine der Palästinenserinnen hörte, wie es dabei immer wieder schrie. Sie riss den Vorhang beiseite, trat an die fremde Deutsche heran, tastete mit dem Daumen ihre Brust ab und diagnostizierte der äußerst überraschten Mutter: »Du stillst falsch!« Sie drückte weiter, schob das Baby in eine andere Position und ging wieder.

Oft hilft, sich zu sagen, dass es wirklich lieb gemeint ist. Und drehen Sie, auch wenn es nicht immer möglich ist, den Spieß einfach um: Nutzen Sie diese ratschlagorientierte und fürsorgliche Gesellschaft für sich. Als mir ein junger Palästinenser auf unserer monatlichen Grillparty an meinem Kohlegrill vorhielt, ich machte das falsch, da überreichte ich ihm wortlos die Zange. Ich ließ ihn drei Stunden am Grill schwitzen, reagierte nicht auf sein Winken, seine Zurufe und konnte mich wundervoll um unsere Gäste kümmern. Und zum Essen auf der eigenen Party kam ich auch zum ersten Mal in aller Ruhe. Er grillte übrigens wirklich viel besser als ich.

Zu Missverständnissen führt auch das Telefon oder, besser, das Telefonieren an sich. Wenn Ihr Gegenüber mitten im Gespräch sein Telefon zückt, so ist das nicht unhöflich. Sehen Sie es als Vertrauensbeweis: Sie dürfen dabei sein, wenn er spricht, und müssen nicht den Raum verlassen. Ansonsten ist es, wie Sie es von zu Hause kennen: Alle tun es immer und überall. Das Leben ist zu kurz für die vielen Aufgaben, und so gut wie alles wird offenbar telefonisch geregelt. Kinder müssen von der Schule abgeholt werden, zwei Jobs oder drei Halbtagsjobs werden gemanagt, Einkäufe, Freunde, all die vielen Verwandten. Holen Sie sich also eine israelische und eine palästinensische SIM-Karte und telefonieren Sie mit Ihren auf der Reise neu gefundenen Freunden.

Wenn alles nicht hilft, hilft Humor. Israelis und Palästinenser haben eine ausgeprägte Kultur des Lachens, vor allem über das eigene Volk. Der jüdische Witz ist ein Begriff für sich. Ein klassisches Beispiel: Zwei Gäste im Café. Einer von ihnen zum Kellner: »Bitte zwei Gläser Saft.« Der andere ruft hinterher: »Aber bitte im sauberen Glas!« Der Kellner bringt die Saftgläser und fragt die beiden Gäste: »Wer wollte das saubere Glas?«

Wieso ist das nun ein jüdischer Witz? Wegen der Chuzpe, die der Kellner zweifelsfrei beweist. Kein Wunder, ist Chuzpe doch ein jiddisches Wort und lässt sich mit »Frechheit« übersetzen. Doch gemeint ist noch mehr: eine intelligente Ausprägung der Frechheit, die schon fast ein wenig charmant ist. Den Kellner-Witz fand ich so ähnlich auch bei Josef Joffe.

Der deutsche Publizist schuf mit seinem Buch *Mach dich nicht so klein, du bist nicht so groß!* ein Standardwerk zum jüdischen Humor. Darin erklärt er auch, was diesen Humor charakterisiert, so sei er »verbal, aggressiv, selbstironisch« oder, mit anderen Worten, »schnell, böse und dennoch weise«.

Noch zwei Beispiele aus dem Fundus des *Zeit*-Herausgebers. Natürlich haben viele Witze Religion als Dreh- und Angelpunkt: »Was ist der Unterschied zwischen einem Handwerker und dem Messias? Der Messias wird eines Tages kommen.« Oder die jüdische Mutter, die gern als sich stets einmischende, überbehütende, immer präsente und besorgte Glucke porträtiert wird: »Warum wollte die jüdische Mutter unbedingt in der Shopping Mall begraben werden? Damit ihre Tochter sie garantiert zweimal die Woche besucht.«

Allerdings ist Witze zu erzählen, wie wohl überall, auch in Israel etwas aus der Mode. Die Tagespolitik wird eher in Cartoons und Bildmontagen über soziale Medien kommentiert. Und der jüdische Humor ist vor allem in die Fernsehwelt ausgewandert. Gelacht wird über alles, so tabulos, das einem das Lachen im Hals stecken bleibt. Auf der endlosen Liste stehen auch Witze über palästinensische Selbstmordattentäter und selbst den Holocaust. Stammte der jüdische Witz übrigens ursprünglich aus Osteuropa, so wurde er nach der Schoah im Gepäck der Überlebenden ins Exil mitgetragen und lebte vor allem in den USA weiter.

»Gibt es denn kein Tabu?«, fragte ich einen israelischen Freund, der mich in einer Bar von Bier zu Bier in den jüdischen Humor einwies.

Er überlegte lange, bevor ihm etwas einfiel. »Wir machen keine Witze über unsere toten Soldaten.«

»Und über die Armee?«, fragte ich nach.

»Doch, natürlich, über die schon!«

Weitaus mehr Tabus kennt der palästinensische Humor. Vor allem, wenn wir über den Mainstream sprechen. Auch hier gilt die Fünfprozentregel, es gibt also fünf von hundert Palästinensern, die über alles lachen können und dürfen. Oft sind es jene, die auch beruflich viel mit Ausländern zu tun haben, in internationalen Organisationen arbeiten, und so entsteht bei Reisenden schnell ein falscher Eindruck.

Doch für die Mehrheit der Palästinenser gilt: keine Witze über Religion und keine Witze über die Nakba, Arabisch für »Katastrophe«, wie der arabisch-israelische Krieg von 1948/49 genannt wird, weil Hunderttausende Palästinenser danach heimatlos waren.

Sehr beliebt sind in Palästina hingegen Regionalwitze. Egal wo, häufig hörte ich Witze über die Bewohner Hebrons. Am häufigsten hörte ich sie von den Einwohnern der Stadt selbst. In den Witzen werden sie gern als Hinterwäldler dargestellt. Einer geht so: Sagt einer zum Mann aus Hebron: »In China kommt jede Minute ein Kind auf die Welt!« Der Hebroner staunt: »Bei uns dauert das neun Monate!«

Oder, thematisch passend: Sagt einer zu seinem Kumpel aus Hebron: »Wir erwarten Nachwuchs!« Antwortet der: »Toll! Verrate es bloß nicht deiner Frau, dann wird es eine Überraschung!«

Wie konnte es so weit kommen? Die Großstadt Hebron liegt im Süden der Westbank, sie ist nur über Umwege zu erreichen, weil die kürzeste Fahrt durch Jerusalem führen würde, was die Israelis aber nicht erlauben. So ist Hebron ein wenig fern des Regierungssitzes Ramallah und profitiert auch viel weniger von den Wirtschaftshilfen internationaler Geldgeber.

Mit all seinen Geschäftsleuten kommt Ramallah im Witz allerdings auch nicht besser davon. Die Charaktere werden sehr weich gezeichnet, und das ist in der Machowelt natürlich ein Skandal. Als tendenziell homosexuell finden sich die Bewohner von Nablus in den entsprechenden Witzen wieder, doch niemals würden Sie so einen Witz in Nablus hören. Homosexualität ist in Palästina – wie bereits beschrieben – tabu, gibt es offiziell nicht.

Doch die gefährlichsten Witze existieren über die Bewohner Jenins. Oder wie mir ein Palästinenser sagte: »Für diese Witze kann man getötet werden.« Da die Stadt nah an der israelischen Grenze liegt, handelt der klassische Jenin-Witz von mit Israel kollaborierenden Palästinensern.

So viel zu den Städten der Westbank, was ist mit den Bewohnern Gazas? »Ein Mann wollte ein Loch in eine Wand bohren. Doch immer wieder brach der Bohrer. Irgendwann schaute der Mann hinter die Wand und verstand endlich, wieso. Dort lehnte ein Palästinenser aus Gaza mit seinem Kopf an der Mauer.« Die dickschädeligen Gazabewohner also.

Aber auch in Palästina lösen schnelle Smartphone-Sprüche, Internetfilmchen und Cartoons mit tagesaktuellen Themen die dagegen verstaubt wirkenden Witze mittlerweile ab. Die ewige Zerstrittenheit zwischen der Fatah- und der Hamas-Partei und die nicht enden wollenden Friedensverhandlungen liefern genug bildreiche Vorlagen. Beliebtestes Symbol ist natürlich die Friedenstaube. Mal ist sie mit einer Kalaschnikow bewaffnet oder einbalsamiert, mal mit heißer Luft zu einem Ballon aufgeblasen, mal mit Schutzweste ausgerüstet oder zur Rakete transformiert. Doch so richtig lustig findet das mittlerweile auch keiner mehr.

# Unterwegs durch den Konflikt

»Keine Sorge, du hast sechzig Sekunden.« Mit diesem Satz wollte mich meine Vermieterin beruhigen. Ich lebte in Nordisrael, genauer, in der Stadt Haifa. Die Sonne schien am wolkenlosen Himmel, ein warmer Wind wehte salzige Mittelmeerluft durch das unverglaste Fenster des Badezimmers. Nachts und an den kühlen Tagen zogen wir den Rollladen herunter, das reichte vollkommen. Wozu Glas? Es war warm, es war schön. Bis der Krieg kam.

»Keine Sorge, du hast sechzig Sekunden.« So hieß es nun. Wochenlang. Katjuscharaketen aus dem Libanon schlugen in Nordisrael ein. Israelische Raketen detonierten im Gegenzug im Nachbarland, dort, wo die Armee die Kämpfer der schiitischen Hisbollah-Miliz vermutete, die Israel unter Beschuss nahmen. Ein Raketenwarnsystem hatten die Libanesen nicht. Israel schon. Und auch wenn uns das nur sechzig Sekunden brachte, so war das mehr als nichts.

Das Warnsystem ortete die Raketen, berechnete den Ort des Einschlages und ließ die Sirenen aufheulen. Oft saß ich am Schreibtisch, von da war es gut zu schaffen: zwei Etagen die Treppen runter, in den gegenüberliegenden Bunker. Dort, hinter dicken Betonwänden, versammelte sich die Hausgemeinschaft. Ich zählte die Einschläge, wartete und stolperte zurück zum Schreibtisch. Einmal erwischte mich der Alarm unter der Dusche. Ich war nicht der Erste, der mit einem Badetuch um die Hüften in den Hausbunker rannte.

Eine Reise durch Israel und Palästina ist immer auch eine Reise durch eine Konfliktregion. Und eine *Gebrauchsanweisung* darf das nicht verheimlichen. Häufig werde ich gefragt: Ist es nicht zu gefährlich, dorthin zu reisen? Je nach politischer Situation ist es das manchmal in der Tat. Um sich zuverlässig zu informieren, empfehle ich Ihnen vor der Abreise einen Blick auf die Internetseite des Auswärtigen Amtes. Dort finden Sie aktuelle Sicherheitshinweise zu Israel und Palästina. Doch es kann sein, dass sich während Ihres Aufenthaltes die Lage ändert.

Deswegen zurück zu den sechzig Sekunden. Machen wir mit der Entwarnung weiter. Raketenangriffe sind eine absolute Ausnahme, und das israelische Abwehrsystem fängt in den Großstädten fast alle ab. »Aha, fast alle«, höre ich Sie nun sagen, »wie beruhigend.« Das ist es wirklich. Wenn man bedenkt, dass es nur alle paar Jahre zu einem Krieg kommt. »Aha, nur alle paar Jahre …«

Vielleicht eine kleine Umfrage aus Tel Aviv dazu. »Seit ich zehn Jahre alt bin, höre ich Sirenen«, erzählte mir ein Israeli, Mitte dreißig. »Ich nehm sie nicht mehr ernst, zu sehr hab ich mich dran gewöhnt.« Zu cool wollte er dann offenbar doch nicht klingen und ergänzte: »In Sderot ist das was anderes.« Ich besuchte das Städtchen einmal, es liegt nah am Gazastreifen. Raketen brauchen keine sechzig Sekunden dorthin, und es gibt öfter als anderswo in Israel Warnungen.

Eine Frau Ende vierzig erinnerte sich an den letzten Alarm in Tel Aviv. »Ich stellte mich an die Häuserwand, ging nicht in den Bunker.« Sie lächelte. »Ich sah die Rakete und die Abfangrakete.« Ihr linker Zeigefinger suchte den der rechten Hand, sie fanden sich, und beide Hände flogen auseinander. »Das war eine Show.« Sie lächelte noch immer, doch es sah jetzt gezwungen aus, sie presste die Lippen aufeinander. »Sehen Sie, wie verrückt wir sind?«

Im Krieg 2014 kamen die Raketen aus dem Gazastreifen, und Israels Armee antwortete mit voller Härte. Die Menschen im Gazastreifen haben wie im Libanon kein Warnsystem und keine Abfangraketen. Und keine modernen Bunker. Im Nahen Osten gilt: kein Angriff ohne Gegenangriff, kein Gegenangriff ohne Revanche, keine Revanche ohne Racheaktion. Das Prinzip kostete bisher Tausenden Zivilisten das Leben.

Selbst Reisende, die Dutzende Kilometer vom Gazastreifen entfernt Urlaub machten, sahen nachts die Lichtblitze am Horizont. Eine befreundete Palästinenserin lebt in der Westbank. Sie hat Familie im Gazastreifen. Ihre Mutter hatte sich in eine Schule der Vereinten Nationen gerettet. Strom gab es dort über mehrere Tage ebenso wenig wie Essen und ausreichend sauberes Wasser. »Ich hörte tagelang nichts von meiner Mutter. Ich wusste nicht, ob sie überhaupt noch lebt.«

Nun sind Sie also in Israel, und die Sirenen heulen. Ziel sind fast immer die Städte, und dort sind Sie nie allein auf der Straße oder im Café oder im Hotel. Achten Sie auf das Verhalten der Israelis, der Alarmprofis sozusagen, sie wissen, wo der nächste Bunker, wo es sicher ist.

Als ich bei einem Alarm die Treppe hinunterrannte (der Lift ist wie im Brandfall tabu) und vor der Hotelrezeption schlitternd zum Stehen kam, telefonierte die Mitarbeiterin. Mit erhobenem Zeigefinger und einem gewinnenden Lächeln zeigte sie an, dass die telefonische Buchung am anderen Ende der Leitung noch nicht abgeschlossen war.

Ich wartete die längsten zwanzig Sekunden meines Lebens. Den Herzschlag spürte ich bis zum Hals, die Hände schwitzten, während ich innerlich über die Coolness der Israelis fluchte. Endlich legte die Rezeptionistin auf und erklärte: »Ist nur eine Übung. Es lief in den Nachrichten.«

Obwohl ich zurück in Deutschland bin – wenn ein Motor aufheult oder eine Feuerwehrsirene ertönt, klopft mir das Herz so wie damals in Israel. Mein Andenken an Kriegszeiten, auf das ich verzichten könnte.

Ist bei Alarm niemand da, den Sie fragen oder an dem Sie sich orientieren können, weil Sie – so wie es mir einmal passierte – auf einer einsamen Straße im Leihwagen unterwegs sind, dann müssen Sie anhalten und aussteigen. Blech und Glas des Autos halten Schrapnelle aus Metall nicht auf. Legen Sie sich bäuchlings auf den Boden, Arme um den Kopf. Das war's. Aber legen Sie sich bloß nicht direkt auf die Straße! Sonst entgehen Sie zwar den Raketen, kommen aber trotzdem buchstäblich unter die Räder. In Israel sind viele zu Fatalisten geworden und fahren trotz Alarm weiter.

Das liest sich vielleicht wie ein Witz, ist aber keiner.

Doch selbst wenn Sie zu friedlichen Zeiten reisen, ist die Lektüre dieser Seiten nicht überflüssig. Zu Ihrem Reisealltag wird die Präsenz von Waffen gehören, und Sie sollten wissen, wie Sie damit umgehen.

Kaum gelandet, empfängt Sie eine freundliche Männerstimme aus den Lautsprecherboxen des Flughafens: »Wir bitten um Ihre Aufmerksamkeit. Das Tragen von Waffen ist in allen Terminalgebäuden verboten.« Besser könnte Sie keiner darauf vorbereiten, was Sie draußen erwartet.

Die Armee genießt in Israel einen hohen Stellenwert, alle dienen, Männer wie Frauen. Die es nicht tun, den Armeedienst bewusst Kriegsdienst nennen und verweigern wollen, haben es schwer. Auf dem Weg durch das Land werden Ihnen immer wieder junge Soldatinnen und Soldaten begegnen. Sie fahren mit Ihnen im Zug, stehen vor Ihnen an der Supermarktkasse, laufen neben Ihnen am Strand entlang – sie sind überall, und überall haben sie ihre Waffen dabei, meistens das Sturmgewehr M16.

Auf einer meiner ersten Busfahrten vor vielen Jahren von Jerusalem nach Tel Aviv lag ein kalter und schwerer Gewehrlauf auf meinem Schoß, und das war keinesfalls so geplant. Aber der Reihe nach: Die zivilen Busse sind die beliebtesten Fahrzeuge der israelischen Armee. Wieso? Weil sie die Soldaten Woche für Woche nach Hause bringen.

Ich stieg also nichts ahnend in den Bus und setzte mich neben einen jungen Mann in Olivgrün. Kaum fuhren wir los, schlief er ein. Sein Gewehr rutschte auf meinen Schoß. Ich wollte ihn nicht wecken, weil ich nicht wusste, ob er in einer Kurzschlussreaktion den falschen Knopf drücken würde. Ich hatte ja keine Ahnung, wie eine M16 funktioniert. Das änderte sich natürlich mit den Nahost-Jahren. Man wird, wenn auch unfreiwillig, zum Waffenexperten.

Die Panzer, die auf dem sandigen Feld neben der Straße in der Negevwüste parkten, waren Merkava, Sechzigtonner israelischer Eigenproduktion. Der Soldat am Kontrollpunkt trug keine M16, sondern eine Tavor. Die sieht mehr aus wie eine Maschinenpistole, die israelische Uzi zum Beispiel. Das Kampfflugzeug am blauen Himmel über uns hatte zwei Seitenflossen. Dann war es die F-15. Bei einer wäre es die F-16 gewesen. Beim israelischen Militär heißen die Kampfjets übersetzt »Sturm«, »Blitz«, »Falke« oder »Donner«…

Wie gesagt, ich wollte das nie lernen. Wer allerdings Militärkunde zu seinen Hobbys zählt, kommt in Israel auf seine Kosten und darf die Waffenträger ausfragen. Den meisten von ihnen ist nämlich furchtbar langweilig.

Ich persönlich halte lieber Abstand. Das gilt besonders für Waffenschrott, Patronenhülsen, Tränengaskartuschen. All das liegt manchmal um israelische Kontrollpunkte in Palästina verteilt, kann Ihnen aber genauso gut auf dem Boden zwischen Olivenbäumen begegnen. Auch wenn es noch so schön im Sonnenlicht funkelt: liegen lassen. Und keinen Munitionsmüll als Andenken mitnehmen.

Eine junge Deutsche hatte nicht widerstehen können. Bei der Handgepäckkontrolle am Flughafen in Tel Aviv wartete sie vor mir, braun gebrannt, umringt von mehreren Sicherheitsleuten. Was immer sie auf das Band gelegt hatte, es musste auf dem Monitor ziemlich gefährlich ausgesehen haben. Eine der Uniformierten fischte eine Patronenhülse aus ihrer Handtasche. Eingeschüchtert erzählte die Deutsche von ihrem Freund, einem Israeli, der gerade in der Armee diente. Ich wartete auf mein Handgepäck und lauschte. Es war eine rührende Geschichte über die Liebe in Zeiten der Finsternis.

Mein Hauptargument ist weniger die Fragwürdigkeit eines solchen Reiseandenkens als die Gefahr, die davon ausgeht. Einmal hob ich in einer palästinensischen Naturidylle am Rande einer israelischen Siedlung eine kleine Kartusche auf. Woche für Woche protestieren hier Palästinenser gegen den Ausbau der Siedlung. Und aus dieser Kartusche hatte das Tränengas gegen die Demonstranten geraucht. Eine Viertelstunde nach der Berührung fasste ich mir gedankenlos an die Augen, und schon fing es an zu brennen. Aber wie!

Wenn Sie in Palästina unterwegs sind, werden Ihre Bus- und Taxifahrer Orte umfahren, an denen es brenzlig ist. Bei den Kontrollpunkten kommt es immer wieder zu Auseinandersetzungen oder »Maschäkel«, Problemen. Davon gibt es reichlich, vor allem freitags nach dem Mittagsgebet der Muslime. Daher empfehle ich Ihnen, an diesem Tag keine Reisen ohne palästinensische Begleitung durch die Westbank zu unternehmen.

Eine frühere Kollegin von mir, die aus beruflichen Gründen zu den Brennpunkten fahren musste, ging nie unvorbereitet aus dem Haus. Sie hatte Alkoholpads aus der Apotheke dabei, die einen – vor der Nase positioniert – Tränengas besser überstehen lassen. Andere schwören auf eine Zwiebel. Im Fall der Fälle auf sie treten und sich vor das Gesicht halten.

Mit dem Leihwagen geriet ich einige Male unvorbereitet in Tränengas. Es waren »Maschäkel« ohne Freitag, keine fünf Kilometer von Ramallah entfernt. Auf der einen Seite der Straße standen auf einem Hügel Palästinenser, die mit Steinschleudern auf Soldaten zielten. Von der anderen Seite schossen die uniformierten Israelis mit Tränengas zurück. Meinetwegen wollte keine Seite mit dem Beschuss aufhören.

Wenn Sie so etwas früh genug sehen, drehen Sie um, auch wenn es Sie zwei Stunden Umweg kostet. Ich sah es leider zu spät, weil ich aus einer Kurve kam. Was tat ich? Lüftung aus, Fenster hoch, Augen auf – und dann ab durch den Nebel. Auf und davon sozusagen.

Aber mir fällt das bis heute schwer. Ich bin zu neugierig. Natürlich will ich sehen, wer da mit wem aneinandergerät. Was da passiert, und wer die Situation für sich entscheidet. Geht es Ihnen auch so? Kämpfen Sie dagegen an!

Ich erinnere mich an eine deutsche Pilgergruppe in Jerusalem.

Einige Teilnehmer standen auf der Terrasse ihrer Unterkunft. Bei einem Glas Rotwein – einem palästinensischen Cremisan – schauten sie auf den Tumult zehn Meter unter ihnen: Steinewerfer gegen berittene Polizisten mit Schockgranaten. Diese schwarzen Dinger sehen aus wie kleine Handgranaten und machen zur Abschreckung einen höllischen Lärm. Oft erzielen sie das Gegenteil – wer sie hört, der weiß, gleich wird es interessant.

So ging es offensichtlich auch den deutschen Pilgern, die gemeinsam mit mir die Terrasse bevölkerten. Der sich anbahnende Kleinkrieg versprach interessanter zu werden als die »Tagesschau«, die sich der Rest der Gruppe im Erdgeschoss ansah. Denken Sie in einem solchen Fall jedoch an Querschläger, an Steine, die nicht gegen Sie gerichtet sind, Sie aber dennoch treffen könnten, und suchen Sie lieber einen sicheren Raum auf.

Wie Sie bestimmt schon vermuten, habe ich das damals auf der Terrasse nicht getan, doch an anderer Stelle war ich in Sachen Sicherheit vorbildlich. Wir lebten mit unseren Kindern in einem kleinen palästinensischen Dorf in der Nähe von Ramallah. Eines Morgens standen israelische Soldaten in unserem Garten zwischen dem Zitronen- und dem Olivenbaum. Sie trugen Helme, gepanzerte Schutzwesten, und irgendwo knisterte ein Funkgerät. Wir hörten Schreie auf Arabisch, und auf der Straße vor unserem Haus tobte wenige Sekunden später eine Schlacht. Die Soldaten nutzten unsere Gartenmauer als Deckung.

Die Situation war nahezu klassisch. Eskalationen verlaufen in Nahost nach Regeln, es sind fast schon Rituale: Die israelischen Soldaten waren auf der Suche nach einem Palästinenser. Kaum hatten sie das Dorf erreicht, blockierten Bewohner die Straßen und errichteten Barrikaden aus

Müllcontainern und brennenden Reifen. Der Gesuchte war diesmal ausgerechnet unser Nachbar.

Wir schlossen also die Fenster (Tränengas), hielten uns danach von ihnen fern (Querschläger), gingen in den fensterlosen Flur und setzten uns zu unseren spielenden Kindern auf den Boden. So viel zum sicheren Raum. Unsere palästinensischen Vermieter im Nebengebäude versammelten sich stattdessen vor dem Panoramafenster im Obergeschoss. Sie filmten das Geschehen mit den Smartphones, kommentierten alles lautstark und telefonierten eifrig. Wer im Konflikt aufgewachsen ist, der ist abgebrüht.

Schließlich ein lauter Knall, Schüsse, und alles war vorbei. Die Armee hatte die Hausfassade weggesprengt, hinter der sich der Gesuchte versteckt hielt, und ihn getötet. Die Realität wollten wir unseren Kleinen vorenthalten. Mit viel Fantasie klang das da draußen nach Baustelle. Zwischendurch kippte ein Bagger um. Und mit Dynamit kann man auch Gestein wegsprengen, um ein Haus zu bauen.

Damit sind wir bei einer gewaltigen Aufgabe für reisende Eltern. So einen Armeeeinsatz zu erleben ist sehr unwahrscheinlich. Doch das Militär ist allgegenwärtig. Ihre Kinder werden auf der Reise die gleichen Fragen wie unsere stellen, je nach Alter – von unseren war noch keines vier Jahre alt: »Was macht der Mann mit dem Gewehr?« – »Auf was passt der auf?« – »Ist der böse?« Und die riesigen Fahrzeuge erst. Tieflader schleppen Panzer über die Autobahn. So eine große Maschine, so laut, so viele Metallteile. Die Kleinen flippen aus: »Was ist das? Was kann das?«

Unseren Kindern die Waffenfragen zu beantworten war eine echte Herausforderung. Schnell neigten wir zu Gut-Böse-Geschichten, obwohl wir wussten, dass das natürlich nicht so einfach ist. Und egal, was wir unseren Kindern erklärten, so machten es ein paar Sätze von Einheimischen wieder zunichte.

Wie auch bei dem geschilderten Militäreinsatz in unserem Dorf. Am Nachmittag spielten die Jungs für zehn Minuten mit anderen Kindern. Abends am Bett fragte meine Frau: »Und, war es ein schöner Tag?«

»Nein«, antwortete unser damals Dreijähriger.

»Aber warum denn nicht?«

»Die Soldaten waren da. Sie haben einen Mann getötet.«

Wenige Minuten mit den Nachbarkindern hatten ausgereicht, unsere Baustellenmär zu zerstören.

Die einheimischen Kinder wachsen mit der alltäglichen Gewalt auf. Wenn wir ihre Eltern darum baten, vor unseren Söhnen nicht alles zu erzählen, hörten wir immer die gleiche erstaunte Frage: »Wieso denn nicht?«

Ich kann Ihnen nicht sagen, was Sie Ihren Kindern erklären müssen und was nicht. Doch sollten Sie auf die Fragen vorbereitet sein. Sie werden kommen. Egal, wie viele fiese Endgegner ältere Kinder und Jugendliche schon im Computerspiel vernichtet haben, die Realität wirkt intensiver.

Bei all den Soldaten, Waffen und Kontrollen versuche ich mir immer die Zweite Intifada in Erinnerung zu rufen. Das hilft, manches besser zu verstehen. Dieser Konflikt, der 2000 ausbrach, prägte die Menschen in Israel wie kaum ein anderes Ereignis in den letzten Jahrzehnten. Unberechenbar, was Ort und Zeit betraf, jagten sich Palästinenser mit ihren Sprengstoffgürteln in die Luft. Ziel waren Busse, Restaurants, praktisch jeder öffentliche Raum.

Die Angst sitzt bis heute tief in Israel. Das werden Sie auf Ihrer Reise spüren. Je nach politischer Lage stehen die schlecht bezahlten Sicherheitsleute mit ihren Metalldetektoren vor Einkaufszentren, Cafés, Kinos und Theatern. Ein Blick in die Handtasche, in den Rucksack, vielleicht einmal mit dem Detektor kurz über den Körper gestreift, mehr erwartet Sie jedoch nicht.

Die Zeichnungen von Glen Chapron zeigen die Brutalität und den Irrsinn der Zweiten Intifada. Der französische Künstler schuf die Graphic Novel *Das Attentat*. Die Geschichte basiert auf einem Roman von Yasmina Khadra; es ist das Pseudonym des algerischen Schriftstellers Mohammed Moulessehout, eines ehemaligen Armeeoffiziers, der heute im französischen Exil lebt.

Die Geschichte ist schnell erzählt: Ein arabischer Arzt arbeitet in einem israelischen Krankenhaus. Der Chirurg hat Schicht, als in einem Restaurant ein Selbstmordanschlag verübt wird. Die Bilder zeigen ihn in der Nacht am Ende seiner Kräfte. »Ich weiß nicht, wie viele ich auf dem Operationstisch hatte«, denkt er.

Noch in derselben Nacht bekommt er Besuch von Hauptmann Moshe und wird, zwischen zwei Polizisten gezwängt, zur Wache gefahren. Im Einsatzwagen erfährt er das Unglaubliche: Seine eigene Frau verübte den Anschlag. Oder in den Worten Moshes: »Wissen Sie, es gibt keinen Zweifel daran, dass Ihre Frau eine fundamentalistische Attentäterin war.«

Auf den folgenden Seiten versucht der Arzt, die Motive seiner Frau zu ergründen. Wer und was machte sie zur Mörderin? Er findet in Palästina die Drahtzieher, und keiner von ihnen will verstehen, wieso er nicht stolz auf seine Frau ist. Ein junger Mann wendet sich mit erhobenem Zeigefinger an ihn: »Ihre Frau ist eine Märtyrerin. Wir werden ihr auf ewig dankbar sein.« Als dem Arzt die Worte fehlen, setzt der andere hinzu: »Wir achten Ihren Schmerz. Achten Sie unseren Kampf.«

Der große Kampf ist vorläufig vorbei, doch das kann sich schnell ändern. Die Unsicherheit ist geblieben. Öffentliche Verkehrsmittel sind in Israel beliebt, weil sie so billig sind. Doch ich kenne einige Israelis, die niemals einen Fuß in einen Bus oder eine Straßenbahn setzen würden. Ein Freund hat seinen Entschluss früh gefasst: »Seit den ersten Anschlägen in den 1990er-Jahren fahre ich in keinem Bus mehr. Ich weiß, das kann sich nicht jeder leisten. Viele fahren mit dem Bus zur Arbeit oder zur Schule. Ich habe aber viel erlebt, und ich kann das nicht mehr.«

Auch ich versuche, Busse, Züge und Straßenbahnen inzwischen zu meiden. Vermutlich ist meine intensive Auseinandersetzung mit der Zweiten Intifada daran schuld. Zurück in Deutschland, ertappte ich mich einmal bei einer Busfahrt in Berlin dabei, wie ich automatisch die letzte Reihe aufsuchte. Kaum hatte ich Platz genommen, überlegte ich, wieso ich eigentlich hinten saß. Da fiel es mir wieder ein. Die Gespräche mit Opfern, mit Zeugen hatten einen Aspekt zutage gefördert, bei dem sich alle einig gewesen waren: »Sitze nie am Eingang eines Busses oder eines Restaurants. Dort sprengt sich der Attentäter in die Luft.«

Das jahrelange Leben in Nahost prägt einen sicher mehr als das Bereisen der Region für einige Tage oder Wochen. Wenn Sie also Bus fahren wollen, dann hat der staatliche Busbetreiber Egged alles, was man braucht. Eine englischsprachige Internetseite mit Fahrplan, moderne Busse vor allem für Langstrecken, viele interessante Gesprächspartner, die mit Ihnen reisen. Tickets bekommen Sie in Busbahnhöfen und beim Fahrer.

Die grünen Busse fahren wirklich überallhin und sind mehr oder weniger pünktlich. Sie rollen auf den beliebten Strecken bis spät in die Nacht. Einzige Einschränkung: Jede

Woche am Schabbat, dem jüdischen Feiertag, bleiben sie von Freitagabend bis Samstagabend in der Garage stehen. Eine Ausnahme machen die privaten Minibusse, Scherut genannt, sie tragen zur Orientierung dieselben Liniennummern wie die Egged-Busse.

Sie können diese Scheruts zu sich winken, die Fahrer freuen sich über jeden Gast. Das Ticket ist etwas teurer. Doch Sie dürfen auch überall aussteigen und müssen nicht auf die nächste Haltestelle warten. Ein lautes »Toda« (»Danke«) reicht, und der Fahrer macht eine Vollbremsung für Sie. Nach den ersten Metern merken Sie, mit dem Scherut sind Sie etwas schneller und waghalsiger unterwegs als mit dem großen Egged-Bruder. Doch leider fahren die Scheruts nicht überallhin, sondern beschränken sich auf die beliebten Routen.

Versuchen Sie daher, ein schönes Reiseziel am Freitagmorgen mit Egged anzufahren. Für die Rückfahrt am Samstagabend nach Einbruch der Dunkelheit, also dem Schabbat-Ende, sollten Sie sich darauf einstellen, in einen sehr vollen Bus zu steigen. Oder Sie gönnen sich noch eine weitere Nacht, wozu ich immer raten würde. Es ist viel los auf den abendlichen Straßen nach Schabbat. Der Sonntag hingegen ist ein Arbeitstag, und somit haben Sie außerhalb der klassischen Pendlerzeiten im Bus viel Platz für sich.

All diese Ratschläge gelten ebenfalls für die Bahn, die Israel Railways. Das Streckennetz und den Fahrplan finden Sie mehrsprachig im Internet. Der Vorzug zum Bus ist wie überall: Sie stehen in keinem Stau, können sich frei bewegen, die Kinder können spielen. Eine palästinensische Eisenbahn gibt es nicht. Hier fahren Busse – übrigens auch die grünen israelischen. Diese rollen durch Palästina von israelischer Siedlung zu Siedlung, ohne Palästinenser mitzunehmen.

Wer palästinensische Ziele erreichen will, kann mit einem palästinensischen Bus fahren. Dafür steuert man die zwei großen Busbahnhöfe in Jerusalem nahe der Altstadt an, ein paar Hundert Meter vom Damaskustor entfernt. Von dem einen Busbahnhof gelangen Sie in Richtung Norden, zum Beispiel nach Ramallah, von dem anderen zu südlichen Zielen, wie Bethlehem. Die palästinensischen Tickets sind noch günstiger als die israelischen, der Komfort hingegen ist etwas eingeschränkt. Und Fahrpläne mit exakten Abfahrtszeiten brauchen Sie nicht zu suchen.

Ich wartete einmal im Kleinbus auf die Abfahrt von Jerusalem nach Ramallah. Ein Tourist in Sandalen, T-Shirt und kurzen Hosen trat zum Busfahrer. »Wann fahren wir ab?« Der Busfahrer hob den linken Arm an, unter dem blauen Hemdärmel schaute eine Uhr hervor. Einige Sekunden blickte er nachdenklich auf den Zeiger. »In genau sechs Minuten«, antwortete er. Der Sandalenmann freute sich sichtlich über die baldige Abfahrt, bedankte sich und setzte sich neben mich.

Eine Viertelstunde später war der Bus bis auf den letzten Platz besetzt, und wir fuhren los. Weil der Bus immer erst dann losfährt, wenn genug Passagiere an Bord sind. Was »genug« bedeutet, entscheidet der Busfahrer. Doch wie sollte der das dem Touristen erklären?

Der palästinensische Busfahrer kennt unsere Zwänge. Wir müssen planen, organisieren, egal, ob im Urlaub oder nicht, wir brauchen klare Zeit- und Ortsangaben. Das verschafft uns Sicherheit oder zumindest die Illusion von Sicherheit. Versuchen Sie mal loszulassen. All diese Planerei ist doch reine Plagerei! Weg mit dem Organisieren, diesem Pünktlichkeitswahn. Probieren Sie es wenigstens. Und wenn Sie Erfolg hatten, dann sagen Sie mir bitte, wie Sie das geschafft haben. Ich verzweifle bis heute daran. Oder anders gesagt: Willkommen im Orient!

Sehr beliebt ist in Palästina das Sammeltaxi, die Einheimischen sagen dazu »Service«. Die Autos und Minibusse fahren von zentralen Orten in den Städten ab, ebenfalls erst dann, wenn alle Plätze besetzt sind. Die Wartezeit beträgt häufig zwischen zwei Minuten zu den Stoßzeiten und einer Stunde am späten Abend. Bei Fahrten in der Stadt ist das anders. Die Sammeltaxis tuckern an den Hauptverkehrsadern auf und ab und lassen sich zu Ihnen an den Straßenrand winken.

Wenn Ihnen nun jemand während der Fahrt im Sammelbus auf die Schulter klopft, wird Folgendes erwartet: Sie formen mit Ihrer Hand eine Schale und halten sie dem Mitfahrer hin. Er wird daraufhin die Schale mit Münzen auffüllen. Herzlichen Glückwunsch! Der Mitfahrer hat Sie soeben zum Kassierer auserkoren.

Sammeln Sie jetzt von den übrigen Fahrgästen das Geld ein und überreichen es dem Fahrer. Die anderen werden nun für Sie das Reden übernehmen. Es wird abgefragt, wer wohin will, wer wie viel zu zahlen hat, und dann wird Ihnen das Wechselgeld überreicht, damit Sie es verteilen. So kommt man ins Gespräch.

Wenn Sie aussteigen wollen, bitte das hebräische »Toda« vom israelischen Scherut wieder vergessen. Verwenden Sie stattdessen das in dieser Situation sehr beliebte »Jaatik ilafiye« (»Möge Gott dir Gesundheit schenken«). Wenn Sie von den anderen Fahrgästen verwirrt angeschaut werden, stimmte etwas mit der Aussprache nicht. Sie können auch nur »schukran« (»danke«) sagen, doch das ist langweilig.

Noch ein paar Hinweise zur Sitzordnung in den großen wie kleinen Fahrzeugen in Palästina. Als Mann setzt man sich neben einen Mann, und als Frau neben eine Frau. Wenn Sie sich als Frau dennoch neben einen Mann setzen wollen, so wird dies eher akzeptiert, als wenn Sie sich als Mann neben eine Frau setzen.

Oft tauschen die Fahrgäste die Plätze, sodass es eben passt. Nehmen Sie das nicht persönlich. Die deutliche Mehrheit der Palästinenser lebt sehr traditionell; dazu gehört ein konservatives Männer-Frauen-Bild samt Geschlechtertrennung.

Ansonsten stellen Sie sich auf Folgendes ein: Ein Fenster ist immer geöffnet, egal, wie kalt es draußen ist. Nehmen Sie ein Halstuch mit und eine Jacke. Für Ihr Gepäck ist begrenzt Platz, es wird also eng. Und wenn Sie schon immer einmal mit einem Rennfahrer auf die Piste wollten, dann wird Ihr Traum nun wahr.

Palästinensische Sammeltaxifahrer sind gut in Mathe. Sie wissen, je schneller sie ankommen, desto schneller bekommen sie die nächste Fahrt und desto mehr Geld verdienen sie. Dass manche wegen dieses Fahrstils nie ankommen werden, wird leider ausgeblendet. Also schnallen Sie sich an, auch wenn sich niemand außer Ihnen für den Gurt interessiert.

»Sie müssen sich nicht anschnallen«, sagte mir vor einiger Zeit ein Taxifahrer.

Ich saß vorne neben ihm. »Ich will aber.«

Er lachte. »Nein, Sie müssen das wirklich nicht.«

»Ich will trotzdem.«

Das nahm er persönlich. Das Lächeln gefror.

»Mal ehrlich, lassen Sie es doch!«

»Ich will!«

»Aber warum?«, fragte er irritiert.

Nein, das müssen Sie wirklich nicht erklären. Ich tat es auch nicht. Beherzt zog ich am Gurt, glücklich, die leidige Diskussion mit einem Handgriff zu beenden. Der Gurt steckte unter dem Sitz, ich zog noch einmal, fest entschlossen, selbst über meine Sicherheit zu entscheiden. Kurz darauf hielt ich ein loses Stück Stoffband in der Hand. Erfolglos versuchte ich, es um die Armlehne des Fahrers zu wickeln.

Das Anschnallen ist den Palästinensern gesetzlich vorgeschrieben. Vielleicht ist gerade das das Problem. Gesetze werden entweder von den Israelis verabschiedet oder, aus Sicht so mancher Palästinenser noch schlimmer, von der eigenen Regierung. Nicht anschnallen ist ein revolutionärer Akt gegen die Machthaber! Anders kann ich mir das fehlende Bewusstsein für die Alltagsgefahren auf der Straße nicht erklären. Und der Verkehr ist gefährlich. Statistisch gesehen, ist das Gefährlichste, was Sie in Israel und Palästina tun können, sich in ein Auto zu setzen.

Alternativ zu den Sammeltaxis, Bussen und Bahnen kann man immer auch einen Taxifahrer für sich allein anheuern. Diese fahren auf beiden Seiten des Konfliktes schnell, doch Sie können mitreden. Einmal forderte ich meinen Fahrer auf, langsamer zu fahren, und gab vor, Fotos machen zu wollen. Mit dem Thema Sicherheit überzeugen Sie auch in Israel keinen.

Dort läuft meist der Taxameter, doch kann es passieren, dass sich am Ende der Fahrt durch einen kleinen Knopfdruck der Betrag erhöht. Auch wenn Sie allein, ohne Gepäck und nicht nachts fahren. Vermutlich der Du-kannst-kein-Hebräisch-lesen-Zuschlag oder der in vielen Ländern übliche Touristennepp-Bonus. Fragen Sie immer an der Rezeption Ihrer Unterkunft nach einem Richtwert, damit Sie ungefähr wissen, was auf Sie zukommt. Viele Hotels arbeiten ohnehin mit eigenen Taxiunternehmen zusammen.

In Palästina wird Ihr Taxifahrer nicht selten bekümmert auf den Taxameter klopfen – leider, leider wieder einmal kaputt. Deshalb sollten Sie unbedingt vor Antritt der

Fahrt einen Preis vereinbaren. Eine Faustregel: Der zuerst genannte Preis des Fahrers geteilt durch zwei ist der überzogene Touristenpreis, den Sie bezahlen müssen. Doch es ist schon sportlich genug, dieses Entgelt zu erreichen.

Seien Sie kreativ und stehen Sie dem palästinensischen Taxifahrer in seinen dramatischen Gesten in nichts nach. Werfen Sie die Hände in die Luft, steigen Sie aus, laufen Sie einige Meter davon, er wird Sie mit dem Wagen einholen und Ihr Angebot mürrisch annehmen. Dessen ungeachtet werden Sie auf der Fahrt beste Freunde werden.

Aber Vorsicht, auf beiden Seiten lauern Ihnen an den beliebten Sammelpunkten auch so manche Gauner auf: vor Hotels, Museen und Bahnhöfen. Eine kleine Übersetzungshilfe an dieser Stelle ist wichtig.

»Heute fährt kein Bus mehr«, versichert Ihnen der traurig blickende Taxifahrer voller Mitleid? Will heißen, in etwa zehn Minuten kommt der nächste.

»Am Schabbat gilt in Israel 100 Prozent Aufschlag.« Bedeutet, ich habe keine Kunden heute, und deshalb zahlst du für zwei.

Doch das Schlimmste, womit Ihnen ein Taxifahrer jemals drohen kann: »Ich mache Ihnen einen seeehr guten Preis.«

Wenn Sie gern Auto fahren, umgehen Sie all das und leihen Sie sich zumindest für einige Tage einen Wagen. Israel hat wundervolle Strecken im Landesinneren abseits der vollen Autobahnen. Und »Landesinnere« heißt vor allem im Norden und Süden landeinwärts. Sonst fahren Sie auf Siedlerstraßen oder palästinensischen Wegen in der Westbank. Das können Sie problemlos machen, doch sollten Sie dabei an meine Ratschläge zum Thema »Maschäkel«, wie zum Beispiel Militäreinsätze, denken.

Zugleich ist es von Vorteil, wenn Sie in einem Leihwagen mit einem gelben – also israelischen – Kennzeichen sitzen. Denn damit dürfen Sie überall fahren. Doch werden Sie oft auch für einen Israeli gehalten. Das ist an manchen Orten der Westbank wiederum nicht sonderlich erstrebenswert. Viele Palästinenser fahren mit grünen Nummernschildern, dürfen daher manche Straßen in ihrem eigenen Land nicht benutzen. Sie ahnen, zu welchen Konflikten das führt. Sie erkennen einige solcher Straßen an hohen Abzäunungen, Wachtürmen und den ortsüblichen Checkpoints.

Von diesen Kontrollpunkten gibt es drei Arten. Am häufigsten werden Sie als Reisender mit in die Landschaft gepflanzten Kontrollstationen aus Beton konfrontiert. Die jungen israelischen Soldaten, die Sie hier kontrollieren, sind mehr mit ihrem Smartphone und den Kameraden beschäftigt als mit Kontrollen. Von Ihnen wird erwartet, langsam heranzufahren, die Fensterscheibe etwas herunterzulassen, »Schalom« zu sagen und nach dem Durchwinken weiterzufahren. Alles andere macht den Kontrolleuren lästige Arbeit.

Dieses Verhalten gilt, wenn Sie weiß sind und nicht arabisch aussehen, was auch immer das bedeutet. Andere müssen aussteigen, den Kofferraum öffnen, Pässe vorzeigen, Fragen beantworten. Immer wieder hagelt es Proteste deswegen.

»Schon klar, wir Weißen sind die Guten, alle anderen die Bösen«, meinen die Kritiker des Vorgehens.

»Die Statistik sagt aber, dass nun einmal mehr Araber Anschläge verüben«, wird der Sicherheitsoffizier antworten.

»Und deswegen werden alle Araber kollektiv bestraft?«, entgegnen die Kritiker.

Wie gesagt, der Konflikt lauert an jeder Ecke.

Selten wird von Ihnen an solchen Kontrollpunkten der Reisepass mit Visum gefordert. Heben Sie den unscheinbaren kleinen Zettel von der Einreise in Tel Aviv dennoch sehr gut auf. Am besten lassen Sie ihn gleich noch mitsamt Ihrem Pass im Hotel kopieren – dort wird man sowieso alles ablichten, und dann können Sie es gleich für sich mitmachen lassen.

So viel zur ersten Art von Kontrollpunkten. Hier fahren vor allem Siedler durch, Touristen, Pendler. Beim zweiten Typ sieht das anders aus. Sie sind mitten in Palästina aufgebaut, sehen eher wie ein aus Betonplatten und Tarnzelt zusammengeflicktes Militärcamp aus. An diesen Orten erregen Sie etwas mehr Aufmerksamkeit, weil Sie offenbar Palästinenser kennen, zumindest zu palästinensischen Orten fahren wollen oder soeben einen besucht haben.

»Woher kommen Sie?«

»Wohin wollen Sie?«

»Was wollen Sie dort?«

»Kennen Sie da jemanden?«

Und gern auch: »Sie dürfen da nicht hin!«

Die richtigen Antworten wären der Reihenfolge nach: »Ich komme aus Tel Aviv. Ich will nach Jerusalem. Einkaufen. Nein. Doch!«

Natürlich sagen Sie immer schön die Wahrheit. Doch die Straßenverläufe, all die Siedlungen, Kontrollpunkte, Zugangswege, Sperrungen … Oft sind die Soldaten selbst ziemlich verwirrt, wo und warum sie dort eigentlich stationiert sind. Am Ende wird man Sie in der Regel fast immer durchlassen.

Anders sieht es bei der dritten Kategorie aus – den sogenannten Flying Checkpoints. Wirklich fliegen können die nicht, doch sie wechseln die Orte wie im Flug. Und sind da, wo es brennt beziehungsweise wo es besser wäre, sich gerade nicht aufzuhalten.

Mir begegnete an einem dieser Kontrollpunkte ein Soldat, den Helm schräg über den halben Kopf nach unten gezogen, Zigarette im Mundwinkel. Offensichtlich hatte er vor nicht allzu langer Zeit mehr als Tabak geraucht. Das durfte er natürlich nicht. Doch da draußen herrschen andere Regeln. Und Flying Checkpoints sind ganz weit draußen. Der Soldat richtete seine Waffe auf mich und betrachtete meinen Reisepass durch sein Visier.

Eine Ausnahme. Doch ich kann Ihnen das unmöglich verheimlichen. An solchen Orten gilt: keine Diskussion! Sie machen das, was der Soldat will. Wenn er »Straße geschlossen« sagt, dann ist sie eben geschlossen. Sie drehen um und kommen so schnell nicht wieder. Auf keinen Fall dürfen Sie aber schon umkehren, wenn Sie den Kontrollpunkt gerade erst vor sich entdeckt haben, auch wenn Sie etwas erschrecken. Das macht Sie verdächtig. Auch hier gilt, langsam heranfahren. Und nachts wird es an Kontrollpunkten gern gesehen, wenn Sie das Abblendlicht ausschalten und das Innenlicht anknipsen.

Viel entspannter ist es, wenn Sie in so eine Situation nicht allein geraten, sondern mit anderen Personen im Sammeltaxi. Die Palästinenser sind Checkpoint-Experten. Machen Sie das, was die anderen machen. Und denen hilft es, wenn ein Ausländer mitfährt. Die Soldaten verhalten sich dann etwas korrekter.

Noch ein Vorteil von Sammeltaxis: Die Fahrer werden von ihren Kollegen, die dieselbe Strecke fahren, telefonisch vorgewarnt. Wundern Sie sich daher bitte nicht, wenn der Wagen den Asphalt verlässt. Ich habe erlebt, wie ein Fahrer mehrere Kilometer über einen vertrockneten Acker zurücklegte, bevor er einen Feldweg fand, der uns an einer militärischen Straßensperre vorbeiführte.

Übrigens gibt es auch sehr selten einen palästinensischen Checkpoint. Auf diesen treffen Sie je nach Spannungslage zwischen Fatah und Hamas. So erlebte ich in Nablus, wie Bewaffnete der Fatah die Jagd auf Hamas-Mitglieder eröffneten. Mit Kalaschnikows durchsuchten sie die Fahrzeuge und verlangten die Pässe aller Insassen.

Von diesen Ausnahmen zurück zur Regel, zu den statistisch relevanten Gefahren: dem regionalen Fahrstil. Wenn Sie einen Leihwagen genommen haben, müssen Sie damit rechnen, von links und von rechts überholt zu werden. Der Überholende kündigt normalerweise seine Aktion mit einem kurzen Hupen an. Auch werden Sie manchmal trotz Gegenverkehr überholt. Dann wird von Ihnen erwartet, dass Sie etwas nach rechts auf den Standstreifen ausweichen. Natürlich muss auch der Gegenverkehr kooperieren. Sie werden staunen, wie viele Fahrzeuge auf einer zweispurigen Straße nebeneinander Platz haben.

Bei Kreuzungen in Palästina gilt, sofern keine Ampel vorhanden ist, erst einmal reinfahren. Mitten auf der Kreuzung angekommen, wird per Blickkontakt und Handbewegung entschieden, wer Vorfahrt hat. Mir sagt das alles sehr zu, ich nenne es kommunikatives Fahren. Meine Frau hält sich hingegen lieber an die Straßenverkehrsordnung und findet es furchtbar.

Wenn Sie das einmal erleben wollen, rate ich Ihnen zu einem der Autoverleiher in Ostjerusalem. Hier bekommen Sie ein Fahrzeug mit gelbem Nummernschild, das sowohl in Israel wie in Palästina versichert ist. Die großen internationalen Anbieter machen das – wie mein Erlebnis am Leihwagenschalter zeigte – nicht, dort würden Sie auf eigenes Risiko losfahren. Bei den Verleihern in Ostjerusalem lohnt sich ein gewissenhafter Fahrzeugcheck vom Reifendruck bis hin zur Lichtanlage. Mit der lebenswichtigen und in allen Fahrzeugen eingebauten Klimaanlage hatte ich hingegen noch nie Probleme. Und verhandeln Sie über den Preis, alles andere wäre unhöflich.

Sie erhalten aller Voraussicht nach ein funktionstüchtiges Auto mit deutlichen Gebrauchsspuren innen wie außen. Doch nach einer Woche werden Sie froh sein über die vielen Lackschäden. Die neue Beule vorne links stört dann keinen mehr. Wenn Sie mit Kindern reisen, so müssen Sie die Sitze von zu Hause mitbringen. Ebenso Spielsachen, Malbücher, Ihre Lieblings-CD für die Fahrt. Staus gehören in den Ballungszentren dazu. Kaufen Sie sich vor Ort doch ein leckeres Picknick und lassen Sie den Stau Stau sein. In Israel gibt es am Straßenrand Hunderte Raststellen, viele mit Grillmöglichkeit, Spielplatz und einer tollen Aussicht.

Am Ende Ihrer erfolgreichen und spannenden Reise durch Israel und Palästina steht Ihnen noch eines bevor, was Sie allerdings von der Einreise bereits kennen: der größte Kontrollpunkt des Landes, der Flughafen in Tel Aviv. Keine Panik, Sie dürfen ausreisen, egal, was Sie gefragt werden, egal, was man Ihnen sagt. Sie werden fliegen. Nur etwas anstrengend kann es bis zum Boarding schon werden.

Die folgenden Hinweise gelten besonders für junge Alleinreisende und eingeschränkt auch für jüngere Paare ohne Kinder. Wenn Sie mit Kindern reisen oder etwas älter sind, staunen Sie über das, was die anderen erwartet. Die Befragungen im Flughafen sind legendär. Und die Anekdoten darüber könnten eine dreißigbändige Enzyklopädie füllen.

Die Standardfragen bei der Einreise:

»Was machen Sie in Israel?«

»Wie lange bleiben Sie?«

»Wo werden Sie schlafen?«

»Welche Orte besuchen Sie?«

»Kennen Sie jemanden hier?«

Die Grundregel lautet, das zu beantworten, was Sie gefragt werden. Und nicht mehr! Ich neige hingegen zu Antworten, die zu weiteren Nachfragen einladen.

»Was ich mache? Ein wenig schreiben, vielleicht auch mal wandern gehen, Kollegen besuchen.«

Die Nachfragen: »Über was schreiben Sie? Wo wandern Sie? Wie heißen Ihre Kollegen?«

Manche machen das viel professioneller und antworten auf »Was machen Sie?« schlicht mit »Urlaub«.

Meine ausführlichen Antworten samt bildreich vorgetragener Reiseroute quer durch das Westjordanland führten schon zu zweistündigen Befragungen von vier Mitarbeitern im Wechsel samt Leibesvisitation.

Privatsphäre ist bei der Kontrolle am Flughafen ein Fremdwort. Bei einer Ausreise erfuhr ich, dass der Mann vor mir einen Freund besucht hatte, der wiederum Kinder adoptiert hatte. Die Namen der Kleinen hörte ich ebenfalls. Und ich weiß jetzt, in welcher Stadt die glückliche Familie lebt.

Ich sah auch, welche Unterwäsche die junge Frau hinter mir trug, weil die Kontrolleure ihren Koffer neben meinem durchwühlten. Gerechterweise kennt sie nun auch meine Vorliebe für schwarze, musterlose Shorts.

Für die große Sorge vor Anschlägen und die daraus resultierenden ausführlichen Kontrollen gibt es in Israel viele Gründe. Wieso kein Abstand eingehalten wird, wieso es keinen Sichtschutz gibt, wieso das alles so unfreundlich gestaltet ist, verstehe ich jedoch nicht. Machen Sie sich darauf gefasst. Vielleicht hilft Ihnen mein Mantra dabei, das mir auch bei Kontrollpunkten, bei »Maschäkel« aller Art in dieser Region gute Dienste leistet: »Es geht nicht um mich. Die Waffen sind nicht gegen mich gerichtet!«

Das soll Sie alles nicht davon abhalten, nach Israel und Palästina zu reisen. Und wenn Sie immer noch Zweifel haben, so ermuntert Sie vielleicht der Kommentar des Italieners, der mir bei seinem dritten Glas Whiskey an der Bar in Ramallah vorschwärmte: »Das ist ein richtig guter Ort!« Was er beruflich macht? Nun ja, er ist Reporter.

Oder nehmen wir Yosef Halper, den bekanntesten Händler von gebrauchten Büchern in Tel Aviv, der in den Achtzigerjahren aus New Jersey eingewandert ist.

»Haben Sie es jemals bereut hierherzuziehen?«

»Nein«, antwortete er mir bei einem Glas Wasser in seinem Laden entschieden. »Es ist einfach zu spannend und immer interessant!«

Was soll ich sagen? Damit hat er recht.

# Als Deutscher in Israel und Palästina

»Sie sind Deutscher?«, fragt Sie der Israeli, kaum sind Sie aus dem Flugzeug ausgestiegen.

»Ja«, antworten Sie vorsichtig.

»Ein Deutscher?« Das Gesicht des entsetzten Israeli wird rot. Aus weiter Ferne hören Sie noch: »Sie Nazi!«

Der Israeli löst sich langsam vor Ihnen auf, wird rund, weich und verwandelt sich in ein Kopfkissen. Ach so. Ein Albtraum. Mehr nicht. Aufwachen! Denn so ist es natürlich nicht, zumindest nicht mehr, schon lange nicht mehr. Gehen Sie offen mit Ihrer Identität um. Sie werden staunen, zumindest ich war überrascht bei meinen Reisen.

In neun von zehn Fällen lief es bei mir in Israel anders als im Traum.

»Aus Deutschland? Schön. Ich war in Berlin letztes Jahr.«

Oder: »Toll. Ich war in Berlin dieses Jahr.«

Oder: »Echt? Ich war gerade in Berlin.«

Und wieder einmal überkam mich das Gefühl: Es waren schon mehr Israelis in Berlin als Deutsche in ihrer eigenen

Hauptstadt. Berlin zieht Israelis an. Preiswerte Flüge und Hotels, ein riesiges Kultur-, ein grünes Erholungs- und ein vielseitiges Einkaufsparadies und das alles ohne Sicherheitschecks am Eingang. Für mich vergeht kein Tag in Berlin, an dem ich nicht irgendwo in der Straßenbahn, vor einem Museum oder im Café Hebräisch höre. Zu den Urlaubern gesellen sich 20 000 Israelis, die eine längere Zeit in Berlin leben, darunter viele Künstler.

Am besten fangen Sie Ihre Israelreise also in Berlin an und knüpfen die ersten Kontakte für alles Kommende. Ein Barkeeper aus dem Norden Israels war natürlich auch schon dort. Ich lernte ihn wenige Autominuten vom See Genezareth entfernt kennen zwischen Espressomaschine und entkorkten Weinflaschen.

»Wieso ist es immer Berlin?«, wollte ich von ihm wissen.

Und er: »Berlin ist wie Tel Aviv, nur viel ruhiger. Das gefällt mir.«

Manchen Berlinern wird die Antwort vermutlich weniger gefallen. Wir sprachen über die Stadt, über Deutschland und Israel, nicht über den Holocaust. Wie gesagt, neun von zehn Gesprächen verlaufen so. Und wenn ich nicht von mir aus angefangen hätte, von der Generation meiner Großeltern zu sprechen, so wäre es wohl fast nie zum Thema geworden.

Ein Gespräch von zehn verlief für mich anders, doch nie so drastisch wie im Albtraum. Und es waren in diesen Fällen nie Holocaust-Überlebende, sondern die Generation ihrer Enkel. Eine junge Israelin zum Beispiel, ich lernte sie an der Universität in Haifa kennen. Sie kam frisch von der Armee und fragte mich aus. Was meine Großeltern damals machten, was meine Eltern darüber dachten, was ich davon wusste.

Eine Tel Aviver Uni-Dozentin erzählte mir davon, wie komisch es für sie sei, die vielen jungen Deutschen in ihrer

Stadt und auf ihrem Campus zu sehen. Sie mochte sie, und doch drängte sich immer etwas nach vorn, was alles andere so schwer machte. »Ich musste daran denken, dass deren Großväter uns umbringen wollten.«

In einer Bar sprach mich eine US-Amerikanerin an. Sie hatte gehört, dass ich ein nicht jüdischer Deutscher bin. Vor ihrer am großen Tisch versammelten Clique fragte sie mich: »Du bist in Israel. Aber warst du schon mal in einem Konzentrationslager?«

In solchen Ausnahmefällen antwortete ich auf alles so ausführlich wie möglich. Ich erzählte von der Wehrmachtszeit meiner Großväter, davon, wie mir meine Oma erzählt hatte, was mit den Juden in ihrem Dorf geschehen war. Ich berichtete von meinem Auschwitz-Besuch, von Dachau, von meinen Gesprächen mit Überlebenden solcher Orte. Und ich erklärte, warum ich sicher auch deswegen immer wieder nach Israel und Palästina reise, mit den verschiedensten Menschen sprechen will und über den Konflikt schreiben muss.

Wenn das auch alles unbewusst abläuft, so sehen Sie, solche Gespräche werden schnell zur Seelenschau – mit einem Lerneffekt für alle Beteiligten. Und wie es häufig der Fall ist, war Ehrlichkeit entwaffnend, vielleicht auch, weil ich dann in keine Schublade mehr passte.

Der Umgang mit uns Deutschen ist das eine, unsere Sprache zu hören das andere. Ron Segal, ein befreundeter israelischer Autor, erklärte es mir so: »Für viele Israelis gibt es zwei schlimme Sprachen: Deutsch und Arabisch.« Ron hingegen verbindet mit Deutsch zwei Dinge, die weder zeitlich noch inhaltlich in Verbindung stehen: die Sprache der Täter während der NS-Zeit sowie die billigen Erotikfilmchen, die in den 1990er-Jahren auf deutschen Privatsendern liefen und auch in Israel zu empfangen waren. Er fasst das plakativ so zusammen: »Es gab die schreienden Frauen und den schreienden Hitler.«

Doch die deutsche Sprache ist für Ron noch viel mehr. Seine Großmutter ist eine Berlinerin. Und daher war es eine sehr bewusste Entscheidung für ihn, Deutsch lernen zu wollen. Dass es nicht nur die Sprache der Täter, sondern auch vieler Opfer ist, gerät in Israel manchmal in Vergessenheit.

Eine deutsche Bekannte, die fließend Hebräisch spricht, war in einem israelischen Supermarkt Zeugin einer beispielhaften Szene. Zwei Kundinnen sprachen miteinander deutsch. Die Kassiererin schaltete sich ein, auf Hebräisch: »Ich kann die deutsche Sprache nicht ausstehen. Hört auf, die Sprache der Nazis zu sprechen.« Eine der beiden Frauen antwortete empört auf Hebräisch: »Ich bin auch Jüdin. Deutsch ist meine Muttersprache.«

Doch es ist etwas anderes, unter Juden deutsch zu sprechen als mit einem nicht jüdischen Deutschen. Das gilt natürlich vor allem für die, die den Holocaust überlebten, die die Stimmen von damals nicht mehr aus dem Kopf bekommen. Karla Pilpel, eine Zeitzeugin, mit der ich mich immer wieder traf, sprach mit mir anfangs englisch. Sie lebte als Kind in Berlin, die Nazis ermordeten ihre Eltern im Konzentrationslager. Bei einem Treffen begrüßte mich Karla Pilpel auf einmal auf Deutsch, bei einem weiteren sagte sie mehrere Worte in meiner Sprache, irgendwann Sätze, und bald wechselten wir die Sprachen.

Unvorstellbar, wenn ich überlege, in welcher für mich so peinlichen Situation ich Karla Pilpel kennenlernte. Es war in Jerusalem. Ich saß neben ihr in der Straßenbahn.

»Aus Deutschland?«, fragte sie.

»Ja, aus Berlin.«

»Ich kenne Berlin sehr gut. Ich lebte dort einmal.«

»Das ist ja toll. Wann denn?«, fragte ich, und ihre Antwort machte mir schlagartig bewusst, was für ein Trottel ich war.

»Damals war es nicht so toll.«

Doch Karla Pilpel gab mir noch eine Chance, und so vertraute sie mir ihre Geschichte und die ihrer Eltern an. Sie zeigte mir ihren Kinderausweis mit einem roten »J« für »Jude«. Wir blätterten gemeinsam durch ihre Alben, sprachen über ihre Zeit in Deutschland und ihren Neuanfang in einem israelischen Kibbuz.

Wenn Sie auch Zeitzeugen wie Karla Pilpel kennenlernen wollen, so haben Sie zwei Möglichkeiten. Erstens: Sie fahren Straßenbahn und lassen das Schicksal entscheiden. Zweitens: Sie gehen etwas geplanter an das Ganze heran und erkundigen sich bei deutschen Organisationen, die in Israel sehr aktiv sind, wie zum Beispiel Aktion Sühnezeichen. Oder Sie treten direkt in Kontakt mit einem der Überlebendenverbände.

Was ich nach all den Gesprächen mit Überlebenden gelernt habe: Es wird auf wirklich alles offen und direkt geantwortet. Umso erstaunlicher, dass kein einziger Holocaust-Überlebender mich jemals fragte, was meine Großeltern damals gemacht hätten. Das verstehe ich bis heute nicht.

Das Zeitzeugen-Gespräch ist eine von vielen Möglichkeiten, sich dem Thema in Israel zu nähern. Der Besuch von Yad Vashem ist für viele offizielle Staatsbesucher Pflicht, und er ist wirklich etwas Besonderes. Die Holocaust-Gedenkstätte in Jerusalem ist der zentrale Erinnerungsort Israels, und wenn Sie alles sehen, lesen und hören wollen, benötigen Sie mindestens zwei volle Tage.

Um einen ersten Eindruck zu gewinnen, reicht ein Vormittag. Zuerst empfehle ich Ihnen natürlich die Hauptausstellung im zentralen Gebäude. Die Bilder dort kannte ich aus dem Geschichtsunterricht, und die Dokumentation dieser Zeit sah ich auch an anderen Orten. Doch das alles Schulter an Schulter mit Israelis zu besichtigen, das wirkt anders.

An vielen Orten auf dem Gelände wird das Unmögliche versucht: an ein unfassbares Verbrechen zu erinnern, etwas zu sagen, ohne alles zu zeigen, und dabei nicht zu abstrakt zu sein. Wenn Sie nur kurz Zeit haben, so erfahren Sie auf dem großen Areal in einem einzigen Raum, wie das gelingen kann.

Gleich nach dem Eingang der Erinnerungsstätte müssen Sie sich rechts halten und auf eine kleine Erhebung zugehen. Sie betreten einen höhlenartigen Eingang und tauchen in die Dunkelheit ein. Sie stehen in dem Raum, der an die eineinhalb Millionen im Holocaust ermordeten Kinder erinnert. Wenige Kerzen werden zigfach gespiegelt, und Sie laufen an diesen Spiegeln kreisförmig vorbei. Dabei hören Sie die Namen der ermordeten Kinder, mit Altersangabe und Herkunftsort.

Wer Yad Vashem besuchen will, der muss mit so etwas umgehen können. Manchen ist das zu viel, andere kommen immer wieder. Und die Gedenkstätte wirkte auf mich bei jedem Besuch anders, weil ja auch ich mich ständig veränderte. Bei meinem ersten Gang durch die Kinder-Erinnerungsstätte war ich bewegt. Die vielen Kerzen, die Stimmen. Doch bei meinem letzten Besuch verließ ich den Raum regelrecht erschüttert. Ich war inzwischen Vater geworden. Und wenn der Name von Marta genannt wird, die mit einem Jahr in Auschwitz starb, so hatte ich nun die kleinen, zarten Hände eines einjährigen Kindes sehr bildlich vor mir.

Wenn Sie mit Kindern Yad Vashem besuchen, so ist vieles auf dem Gelände abstrakt gehalten und problemlos zu besichtigen. Bei der genannten Hauptausstellung empfiehlt ein Schild den Besuch ab zehn Jahren. Doch begleitende und erklärende Eltern sind in Yad Vashem immer wichtig, egal, wie alt Ihr Nachwuchs ist.

Neben Yad Vashem finden Sie überall im Land Erinnerungsorte und Ausstellungen. Viele sprechen vor allem ein israelisches Publikum an und sind im Ausland kaum bekannt – das Museum der Ghetto-Kämpfer nördlich von Akko ist so ein Ort. Überlende gründeten es, bevor es ein Yad Vashem gab. Der Name trügt, denn der Ort zeigt nicht nur die Geschichte jüdischer Widerstandskämpfer während der NS-Zeit. Ein Museumstrakt richtet sich explizit an junge Besucher und berichtet vom Leben der jüdischen Kinder zur damaligen Zeit.

Doch die Erinnerung an den Holocaust ist in Israel nichts, was sich in geschlossenen Räumen abspielt. In den Schulen, später in der Armee, wird darüber intensiv gesprochen. Sie sehen an den Erinnerungsorten immer auch Uniformierte auf Bildungsausflug. Und am Holocaust-Gedenktag ist die Schoah überall präsent wie nie.

An diesem Tag heulen die Sirenen um zehn Uhr vormittags auf. Ich saß einmal im Sammeltaxi und war unterwegs von Haifa nach Tel Aviv. Ein israelischer Radiosender übertrug das Signal in den Wagen. Der Fahrer hielt mitten auf der Straße an, was nicht gefährlich war, weil fast alle Autos, Lastwagen und Busse vor und hinter uns ebenfalls stehen blieben. Manche stiegen sogar aus ihren Fahrzeugen und stellten sich daneben.

Wir im Sammeltaxi standen von unseren Plätzen auf. Die Frau neben mir senkte den Kopf, ein anderer Fahrgast blickte geradeaus auf die ruhige Straße. Jeder schien mit sich selbst beschäftigt, dachte vielleicht an eigene Familienschicksale. Ich weiß nicht, ob so ein Erinnern auf Knopfdruck funktioniert. Doch wäre ich damals im Sammeltaxi auch der Letzte gewesen, der darüber ein Urteil hätte fällen sollen.

Die Fahrer, die unbeeindruckt im Slalom die dastehenden Autos umkurven, sind mit hoher Wahrscheinlichkeit arabische Israelis, muslimische oder christliche. Um zu ergründen, wieso sie weiterfahren, lohnt sich ein Blick nach Palästina. Denn in den Augen der Palästinenser sind Israelis in erster Linie die Besatzer von heute und nicht die Opfer von gestern.

Wie begegnet man in Palästina Deutschen und dem Holocaust? Einmal stieg ich in das große Sammeltaxi in Ramallah und wollte nach Nablus fahren. Der zwei Reihen vor mir sitzende Fahrer rief mir die Standardfrage zu.

»Woher?«

»Aus Deutschland.«

Der Fahrer strahlte und schmetterte mir über drei Köpfe hinweg ein »Heil Hitler!« entgegen.

Manche Fahrgäste grinsten, andere starrten desinteressiert aus dem Fenster. Es ist nicht so, dass mir das täglich passierte, doch gab es im Laufe der Jahre immer wieder ähnliche Situationen.

Ich hörte in Palästina manche Sätze dutzendfach – egal, ob von Akademikern oder Bauarbeitern. »Hitler war ein starker Mann«, sagten die einen. »Hitler hat seinen Job nicht zu Ende gebracht!«, die anderen.

Was tun in solchen Situationen? Ich entschied mich anfangs für die ungemütliche Variante, die Diskussion. Das kostete Zeit und Nerven. Und brachte überhaupt nichts. Über Generationen hinweg werden in vielen palästinensischen Familien der Holocaust geleugnet und die NS-Zeit glorifiziert, und das lässt sich nicht mit einem Gespräch geraderücken.

Ein palästinensischer Politikprofessor fragte mich nach einem wundervollen Abendessen in seiner Wohnung: »Glauben die Deutschen wirklich an den Holocaust?« Wir hatten gerade vom Esstisch zum bequemen Sofa gewechselt. Er hielt diese Frage offensichtlich für eine Art akademischen Austausch. Rasch zeigte sich, er leugnete den Massenmord. Seine Argumente: »Es gibt keine Beweise! Es ist nicht möglich, so viele Menschen zu töten.« Und, was mich endgültig aus der Fassung brachte: »Es gibt ja keine Bücher darüber!« Was sein Arbeitszimmer betraf, hatte er recht.

In diesem Augenblick, der einen schönen Abend zur Katastrophe machte, wählte ich den persönlichen Zugang, berichtete von den Krematorien, die ich gesehen, von Zeitzeugen, mit denen ich gesprochen hatte, von meinen Großeltern, die sich sehr gut daran erinnern konnten, wie die Stimmung in Deutschland damals gewesen war.

Wenn Sie auf Geschäftsreise in Palästina sind, so werden Sie solche Gespräche weniger führen müssen. Ein deutscher Projektmanager in Ramallah erklärte mir: »Man weiß, wie wir Deutschen dazu stehen, daher erlebe ich auch kaum Provokationen. Das sind Arbeitskontakte, und niemand ist so dumm, um mit mir streiten zu wollen.«

Was er sagte, bestätigt auch meine Erfahrung: Das Standardthema ist Fußball – von der deutschen Bundesliga bis zur Champions League. Und natürlich wird auch hier über Autos gesprochen, immer wieder Autos. Wie super Mercedes ist, was BMW doch für tolle Karren baut. Und natürlich der überall in Palästina präsente Skoda als Dauerbrenner: Da ist doch ein Motor von VW drinnen, richtig? Stereotyper Männerkram – weil in der palästinensischen Macho-Manager-Welt der Männeranteil noch größer ist als in Deutschland.

Wie ist das Unwissen über den Holocaust auf der palästinensischen Seite zu erklären? Die Frage beschäftigte mich lange. Ich habe eine Vermutung: Der Feind – also der Israeli – muss böse sein. Sonst taugt er als Feind nicht. Und, sehr wichtig für diese Vereinfachung: Der Feind darf nie Opfer gewesen sein. Sonst erscheint seine Täterschaft womöglich in anderem Licht, entschuldigt nichts, doch alles wird auf einmal wahnsinnig kompliziert.

Das funktioniert jedoch auch andersherum. Viele Israelis wissen sehr wenig über die palästinensische Nakba, die »Katastrophe« der Flucht und Vertreibung von etwa 700 000 Palästinensern während des arabisch-israelischen Krieges in den Jahren 1948/49. Die besten Forschungen zu diesem Thema veröffentlichten übrigens israelische Historiker. Einer von vielen Widersprüchen in diesem Konflikt.

Natürlich ist der Holocaust nicht vergleichbar mit der Nakba. Doch in Palästina ist die Flucht und Vertreibung von damals das größte Erinnerungsthema der Geschichte. Immer wieder werden Sie einen Schlüssel sehen, am Ortseingang von Jericho beispielsweise in Großformat, an vielen Wänden als Graffiti, auf Tassen und T-Shirts und in den bereits erwähnten Theatervorstellungen.

Wieso ein Schlüssel als Symbol? Viele Flüchtlinge hatten ihren Hausschlüssel mitgenommen und erfuhren später, wie israelische Einwanderer ihr verlassenes Heim bezogen hatten. »Ich wuchs in so einem Haus auf«, erzählte mir eine Israelin, die heute in Tel Aviv lebt. Damals Kind, hinterfragte sie erst nach Jahren, wie ihre Eltern zu diesem Gebäude gekommen waren.

Wie wenig beide Seiten bis heute voneinander wissen, davon erzählt Lizzie Doron in ihrem Buch mit dem kernigen Titel *Who the Fuck Is Kafka*. Die israelische Protagonistin erinnert sich an die Familiengeschichte und den Holocaust. Der Palästinenser, den sie kennenlernt, denkt an seine Familie und die Nakba. Hinzu kommt der schnelle Konfliktalltag, den beide Figuren nur aus der eigenen Perspektive erleben. Von Dialog zu Dialog, Kapitel zu Kapitel, lernen sich beide besser kennen und werden dadurch mit dem Trauma und Leid des anderen konfrontiert.

Die Frage nach Kafka stellt übrigens der Palästinenser. Er kennt diesen Schriftsteller nicht, so wenig wie die Protagonistin die orientalische Dichterwelt. Der Schlagabtausch beider liest sich stellenweise wie ein Protokoll über das Nichtwissen und Verdrängen des Traumas des anderen. Bei einer der vielen Diskussionen denkt die Israelin frustriert: »Es dauert keine fünf Minuten, da hörst du das Echo der Worte: Schoah, Krieg, Besatzung, Intifada.« An einer anderen Stelle sagt er zu ihr: »Palästinenser sind an Tränen gewöhnt.« Und sie antwortet prompt: »Ehrlich gesagt, wir auch.«

Wenn Sie mehr über die Nakba aus palästinensischer Sicht hören wollen, so ist das sehr leicht. Bis heute leben Hunderttausende Palästinenser noch in Flüchtlingslagern – unter anderem in Palästina. Sie sind nicht zuletzt auch ein politisches Druckmittel für die Regierung – im propagandistischen Sinn. Frei nach dem Motto: Siehe, Welt, welches Schicksal die Palästinenser erleiden. Doch während die Flüchtlinge dazu angehalten werden, in ihren viel zu kleinen Räumen zu hausen, leben viele palästinensische Politiker in noblen Wohnungen.

Die Vereinten Nationen halten die Flüchtlinge in den Lagern am Leben, und es ändert sich seit Jahrzehnten nichts daran.

Doch machen Sie sich selbst ein Bild. Sie können geführte Touren buchen, Besucherzentren aufsuchen oder mit Flüchtlingen ins Gespräch kommen. Die meisten arbeiten außerhalb dieser Lager, die praktisch sehr überfüllte, enge Wohnviertel sind. Manchmal kann man sie auch nur wegen einiger blau angemalten Häuserfassaden von den anderen Vierteln der jeweiligen Stadt unterscheiden. Dabei handelt es sich um Einrichtungen, die von den Vereinten Nationen betrieben werden, allen voran Schulen.

Ich rate Ihnen davon ab, allein und ohne palästinensische Vertrauensperson in ein Flüchtlingslager zu gehen. Häufig kommt es an solchen Orten zu Auseinandersetzungen zwischen israelischem Militär und Palästinensern. Mit Ihnen als neugierigem Reisenden rechnet man am wenigsten, und Sie finden sich zwischen Steinewerfern und Tränengas wieder.

Doch gegen einen geplanten Besuch mit jemandem, der sich auskennt und gut über die aktuelle Lage informiert ist, spricht wirklich nichts. Oft finden Sie in Ihrem palästinensischen Hotel Mitarbeiter, die in so einem Flüchtlingslager leben. Wenn Sie Interesse zeigen, wird man Sie nach Feierabend mitnehmen. Wichtig ist: Palästina ist an solchen Orten ganz besonders traditionell. Mit konservativer Bekleidung sind Sie bei Ihrem Besuch auf der sicheren Seite.

Auf Ihrer Reise stoßen Sie, auch ohne zu suchen, auf Zeugnisse der Nakba. Alte, kaputte Häuser aus Steinbrocken irgendwo in den Hügeln oder die Überreste einer Mauer oder eines Brunnens in einem israelischen Park. So erzählen diese alles andere als stummen Steine manchmal mehr über den Konflikt und seine Unlösbarkeit als so manches Nahost-Buch.

# Der ultimative Nahost-Friedensplan

»Die letzte Frage bitte!«, ruft die Moderatorin in den Raum. Sofort springt ein Finger hoch, der Zuhörer steht auf und stellt sie. Ich spitze die Ohren und frage mich wieder einmal: Wieso ist die Abschlussfrage auf meinen Lesungen fast immer die gleiche? Sie lautet: »Wie lässt sich der Konflikt lösen?« So als könnte ich in einer Art Zweiminutenzugabe noch schnell beenden, was seit Jahrzehnten die Nachrichtenseiten in aller Welt prägt.

Ihnen wird es sicher so wie mir gehen – nach Ihrer Reise. Denn Rückkehrer sind für zu Hause Gebliebene die Fachleute für den Nahost-Konflikt. Ihre Freunde, die Familie, sie alle wollen nun Antworten. Wie ist es in Israel und Palästina wirklich? Was hältst du von den Siedlungen, von der Hamas, von den Linken, Rechten, Religiösen, Tel Avivern, von den Christen, Muslimen und Juden, ja, überhaupt von der Sache insgesamt? Und natürlich, wo wir schon einmal dabei sind, nun sag doch endlich, wie lässt sich der Konflikt eigentlich lösen?

Selbst wenn wir uns auf die letzten hundert Jahre beschränken, so ist die Situation verzwickt, da von verschiedensten Interessen beeinflusst. Und vermutlich müssen Sie die Neugierigen bei dieser letzten Frage so enttäuschen, wie ich es immer wieder tun muss. Denn nach einer Reise in den Nahen Osten erscheint einem der sehr komplizierte Konflikt vor allem als eines: noch sehr viel komplizierter.

Nun kennen Sie zu jedem Konfliktfeld mindestens ein Gesicht, führten Gespräche mit Israelis und Palästinensern. Und Sie wissen, jede Entscheidung für das eine Lager ist schnell eine Entscheidung gegen das andere. Sie sind sich des Teufelskreises bewusst: Fühlt sich eine Seite benachteiligt, bringt das den Radikalen unter ihnen Zulauf. Und Radikale auf der einen Seite motivieren Radikale auf der anderen Seite.

Zurück von der großen Reise, hören Sie nun all die anderen Experten auf einer Familienfeier reden: »Die da unten sollen … Wieso nicht einfach von dort nach hier und … Die müssen doch nur … Also ich würde ja alle …« Dazu die entsprechenden Handbewegungen von rechts nach links, von oben nach unten, je nachdem, wie neue Grenzen verlaufen sollen.

Doch vielleicht ist das ein gut gemeinter Optimismus und immer noch erfreulicher als das, was mir ein Kollege sagte. Er kommentiert und bereist das Nahost-Geschehen seit Jahren und lebt in Tel Aviv. Ob er an eine Friedenslösung glaube, wollte ich an einem Sonnentag auf der Caféterrasse bei einem Milchkaffee wissen. »Ehrlich gesagt …«, er machte eine lange Pause, »nein.«

Nahost-Experten wie er haben es auch nicht leicht, weil sie die lange Liste der Verhandlungen, Verträge und vertanen Chancen vor Augen haben. Anfang der 1990er die

Konferenz von Madrid, die Vereinbarungen von Oslo, das Memorandum vom Wye River im US-Bundesstaat Maryland, Camp David, die nach Bill Clinton benannten Clinton Parameters, die republikanischen Ansichten von George W. Bush, die einst visionären von Barack Obama, die arabische Initiative, die Roadmap, die Einstaatenlösung, die Zweistaatenlösung und sogar die Dreistaatenlösung. Wer bietet mehr?

Die meisten Lösungsvorschläge haben folgendes Szenario: Es gibt zwei Staaten, einen israelischen und einen palästinensischen, Seite an Seite. Jerusalem ist Hauptstadt der Israelis und der Palästinenser. Die natürlichen Ressourcen wie Wasser werden gerecht untereinander aufgeteilt. Für die palästinensischen Flüchtlinge gibt es ein symbolisches Rückkehrrecht, in Fakten gesprochen, werden Flüchtlinge finanziell entschädigt. Statt Hunderttausende israelische Siedler umzusiedeln, erhalten Palästinenser als Ersatz Gebiete des heutigen Israels zugesprochen.

So viel zur Theorie. Die Liste der Initiativen und Verhandlungen ist weder vollständig, noch zeigt sie, wie viele Dutzende Treffen jedem Vorschlag, jeder Konferenz und jedem Beschluss vorausgingen. Der Friedensprozess führte bisher nie zum Frieden, sondern war immer ein Kraftakt an Diplomatie und Bürokratie. Zählt man die Kilometer, die Diplomaten aus aller Welt bei ihren Versuchen, den Nahost-Konflikt zu lösen, zurücklegten, so sind das einige Hundert Mondflüge.

Nicht so viele Kilometer, sondern nur 400, aber grob in dieselbe Richtung, legte Alexander Gerst zurück. Und doch sagte er mit einem einzigen Foto mehr, als in manchen hundertseitigen Verhandlungsprotokollen steht. »Mein traurigstes Foto«, schrieb der deutsche Astronaut zu dem Bild, das er aus einem Fenster der Internationalen Raumstation machte.

Und: »Von der ISS aus sehen wir Explosionen und Raketen über Gaza und Israel.« Nach der Rückkehr und nach dem Gaza-Krieg erklärte er in einem Zeitungsinterview, was ihn bei diesem Raketenbeschuss aus der Weltraumperspektive so traurig gemacht hatte: »Wenn man von außen auf unseren Planeten schaut, auf diese kleine und zerbrechliche Oase, dann ist es völlig unlogisch, unverständlich und grotesk, dass wir uns gegenseitig bekriegen und unsere Umwelt verschmutzen.«

Vielleicht müssten alle Nahost-Entscheider einmal einen Ausflug auf die Internationale Raumstation machen. Dort würden sie durch dieses Fenster schauen, wie es Alexander Gerst einst tat. Und wenn dann die Hardliner unter ihnen immer noch keinen Frieden mit dem Nachbarland wollten?

Auf den Mond mit ihnen!

Nein, nein, es gibt natürlich andere Lösungen für den Nahost-Konflikt. Auf der Suche nach ihnen stieß ich auf den Autor und Gedächtnistrainer Eran Katz, dem man auf seinen Veranstaltungen wohl auch schon öfter die Fragen aller Fragen stellte. Sein Roman trägt den Titel: *Der überaus großartige ultimative Nahost-Friedensplan.* Und wie sieht der aus?

Ein Geschäftsmann aus den USA verzweifelt an den sinkenden Touristenzahlen in Israel und Palästina. Ein israelischer und ein palästinensischer Reiseunternehmer leiden ebenso darunter. »Wir müssen Actionreisen anbieten«, schlägt der Palästinenser vor. »Und zwar keins dieser üblichen Survivaltrainings, sondern der ultimative Kick, mit echter Gefahr für Leib und Leben.« Zu dritt bieten sie fortan Abenteuerurlaub in Nahost an.

Die Verzweiflungstat wird zum Erfolgsmodell, und es klingelt in den Kassen der drei Unternehmer. Fernsehsender reißen sich um die Rechte. Sponsoren wollen mitmachen. Und die Warteliste für abenteuerwillige Touristen wird immer länger. Zugleich kommen sich Israelis und Palästinenser näher. Schließlich müssen sie kooperieren, wenn sie gemeinsam die Touristengruppen durch die zwei Länder führen wollen.

Eine Satire voller jüdischem Humor, wie ich ihn an anderer Stelle vorgestellt habe. Wo ist nun der ultimative Plan für den Frieden? Weil alle so mit den Touristen beschäftigt sind, vergessen sowohl Palästinenser als auch Israelis, zur Waffe zu greifen. Es bleibt schlicht keine Zeit dafür. Und der Amerikaner fragt seine Geschäftspartner aus Nahost: »Können Sie sich daran erinnern, wann das in der Region das letzte Mal der Fall war?«

Vielleicht lässt sich mit so einer Geschichte etwas bewegen. Wie sagte es der im Einsatz um den Frieden sehr aktive Musikvirtuose Daniel Barenboim einst einem Journalisten: »Das Schicksal der Israelis und Palästinenser ist untrennbar miteinander verbunden, sie sind voneinander abhängig.«

Ein beliebtes Konzept von Friedensmissionen ist es daher, Gemeinsamkeiten aufzuzeigen, um Vorurteile zu beseitigen. Muss also Eran Katz' Buch zur Schullektüre werden? Doch Romane werden in Palästina kaum gelesen, weder israelische noch palästinensische, noch andere. Sie finden kaum einen Schriftsteller in Palästina, der vom Schreiben leben kann. Und wer veröffentlicht und eine Lesung zu seinem Buch veranstaltet, der macht das kostenlos.

»Viele Autoren bringen sogar den Saft für ihre Zuhörer mit«, erklärte mir Mahmoud Muna. Er führt mit seiner Familie die zwei besten Buchhandlungen Palästinas – beide liegen in Ostjerusalem. Seine Hauptkundschaft: Ausländer auf Reisen. Zu ihm kommen immer wieder palästinensische Autoren, die ihre Bücher selbst drucken und binden lassen und ins Verkaufsregal stellen wollen. Verlage investieren kaum in neue Namen, vielmehr setzen sie auf das Recycling der Klassiker. Auf Platz eins der Autoren-Wiederverwertung steht Mahmoud Darwisch.

Eran Katz' Nahost-Satire ist sowieso weder auf Arabisch noch auf Hebräisch zu kaufen. Auch wenn es in Israel eine große Lese- und Schreibkultur gibt, von derartigen Friedensplänen wollte keiner etwas wissen. So erschien das israelische Buch in deutscher Sprache. Und das ist symptomatisch.

Der Konflikt ist für die Menschen in Nahost zum lästigen Alltag geworden. Und wieso sollte man sich, in seiner Auszeit vom lästigen Alltag, auch noch Filme zum lästigen Alltag anschauen oder Bücher darüber lesen? Das wiederum ist ein beliebtes Hobby von uns Ausländern. Wenn ich während meiner Zeit in Nahost Lust auf die neuesten Filme über den Konflikt hatte, so bestellte ich mir die Titel als DVD aus Deutschland. In den Kinos dort liefen sie, wenn überhaupt, viel zu kurz.

Einen Spiegel hielt mir Hany Abu Assad vor Augen. Wir saßen vor seinem Studio in Nazareth, der Regisseur war mit seinem neuen Kinofilm beschäftigt und stand somit unter Stress. Egal, was Hany Abu Assad macht, die Erwartungen sind groß. Der Filmemacher, der ohne Fernseher aufgewachsen ist, brachte es mit einem seiner Streifen als erster Palästinenser bis zur Oscarnominierung.

Ich fragte ihn, wie er so etwas verfilmen würde, die ultimative Friedenslösung. Welche Besetzung, welche Orte, welches Drehbuch. Doch Hany Abu Assad dachte nicht daran, darauf zu antworten. Überhaupt wollte er keinen Film über eine Lösung des Konfliktes machen. Schon gar nicht über eine ultimative Lösung. »Wieso?«, fragte ich nach.

Da platzte Hany Abu Assad der Kragen. »Das ist ja eine Obsession bei dir, über den Konflikt zu schreiben!« Er könne nichts für die Eskalation, und wieso solle er sich ständig zum Konflikt erklären müssen? Ich lief rot an, und das geschieht mir nur selten. Nun war er es, der fragte: »Wieso?« Und die Frage stelle ich mir bis heute. Ja, wieso eigentlich?

Vielleicht, weil mir Länder und Leute ans Herz gewachsen sind. Vielleicht, weil ich mir deswegen nichts sehnlicher für beide Völker wünsche, als endlich Frieden mit sich selbst und dem anderen zu haben. Vielleicht ist das auch viel zu kitschig formuliert und mir fällt noch eine bessere Antwort ein. Nach der nächsten Reise natürlich.

Sowieso müssen Sie nun eine eigene Antwort auf die immer wieder aufflackernde Frage nach der Konfliktlösung finden. Und an einer Stelle machte mir Hany Abu Assad dann doch noch Hoffnung. Er erzählte von seinem Flop, einem Actionfilm mit Til Schweiger und Mickey Rourke. »Ich lernte mehr von diesem Film als von all meinen Erfolgen.« Vielleicht gilt das auch einmal für die politischen Akteure in Nahost. Flops gab es schon genug. Es fehlte einzig der Lerneffekt.

Schlussendlich war mir Hany Abu Assad auch nicht mehr böse, er nahm mich mit ins Studio. Ich saß in einem Kinosessel wie ein Erstklässler auf der Schulbank und schaute zu, wie er mit dem Cutter seinen neuen Film bearbeitete. Dann ertönten die Sirenen, nicht aus den Boxen, sondern von draußen. Kein Film, die Realität. Der Cutter blickte nervös auf sein Smartphone, drehte sich zu mir, nicht zu seinem Chef, und sagte: »Eine Probe.« In Hany Abu Assads Welt gab es den Alarm nicht. Seinen Beschluss, sich vom Konflikt nichts sagen zu lassen, verfolgt er konsequent.

Um was geht es in den zähen Verhandlungen um den Frieden? Vieles stellte ich bereits eingangs vor. So dreht es sich um Jerusalem und die Frage, wer über diese Stadt, ihre Stadtteile und die Altstadt herrschen darf. Das Rückkehrrecht ist für die Palästinenser ein zentrales Thema. Sie fordern: Jeder, der aus Palästina flüchtete oder von Israelis vertrieben wurde, darf zurückkehren.

Als Flüchtlinge gelten laut Vereinten Nationen auch die Nachkommen, die einen Flüchtlingsausweis erhalten. Wir sprechen daher von rund fünf Millionen Menschen. Natürlich wollen längst nicht alle zurück. Oft kennen die Nachkommen Palästina nur aus den Geschichten ihrer Eltern oder Großeltern. Es geht vielmehr um die Symbolik, wie so häufig in diesem Konflikt. Palästinenser wollen eine offizielle Entschuldigung, manche fordern auch finanzielle Entschädigung. Eine rasche Lösung braucht es vor allem für die Palästinenser, die in den Flüchtlingslagern leben.

Weitere Friedenshürden sind Grenzen zwischen Israel und Palästina, die sowohl von der einen als auch von der anderen Seite anerkannt werden. Israel baute eine gut abgesicherte Barriere, an vielen Stellen ist es eine hohe Mauer. Zäune, Stacheldraht und Zement durchziehen Palästina an vielen Stellen im Zickzack. Ein Blick auf die Karte der Vereinten Nationen zeigt, wieso: Große Siedlungen werden auf diese Weise noch zu Israel geholt.

Bei den Siedlungen handelt es sich derzeit um die größte Friedensblockade aus palästinensischer Sicht. 500 000 Israelis leben in Siedlungen, sei es in kleinen Containerburgen auf einem der vielen Hügel, in einer großen Siedlerstadt oder in Ostjerusalem. Die Siedler leben dort, wo sie laut Vereinten Nationen und international geltendem Völkerrecht nicht leben dürfen.

Für uns Auswärtige ist dieses Zwischen-den-Grenzen-Reisen spannend und verwirrend zugleich. Beim letzten Aufenthalt wollte ich mir wieder einmal die ägyptische Grenze anschauen. Vor einigen Jahren hatten meine Frau und ich eine eigensinnige Konversation mit einem ägyptischen Grenzposten. Wir standen auf einem israelischen Aussichtspunkt und konnten ihm Grüße zu seinem Wachturm hinüberrufen. Er antwortete mit irren Gesängen.

Als ich nun zu der Stelle wollte, hielt mich eine israelische Soldatin an. Die Straße war mit Betonklötzen und einer Schranke versperrt. Ein Kabel des Funkgeräts hing der Soldatin seitlich aus der Uniform, das Gewehr baumelte vor ihr. Sie sprach in den Hörer, als würde sie Unterstützung anfordern. War ich aus Versehen in militärisches Sperrgebiet geraten?

»Das ist die Grenze«, verkündete sie.

Ich zeigte ihr meine Landkarte, eine israelische – was sie sagte, stimmte nicht. Die Grenze war noch nicht an dieser Stelle.

Sie schaute mich an. »Hast du eine Waffe?«

»Nein.«

»Dann darfst du da nicht langfahren.«

Ich überlegte und versuchte, das irgendwie logisch zu erfassen. Die Grenze war nicht mehr so sicher wie früher, es kam zu Angriffen, nicht von offiziell ägyptischer Seite, doch von Dschihadisten. Wer sich mit einer Waffe verteidigen konnte, der durfte bis zur Grenze fahren. Ich drehte um.

Die Grenze zu Jordanien ist im Gegensatz dazu kaum zu sehen, auch lenken die imposanten Bergketten des Königreichs zu sehr ab. Selbst der Grenzzaun ist wenig spektakulär. Anders die Nordgrenzen Israels, wobei es da mit dem Begriff Grenze schon wieder schwierig ist. Die Golanhöhen nennt Israel nach Auffassung der Vereinten Nationen seit dem Krieg von 1967 unrechtmäßig sein Eigen.

Unbedingt müssen Sie sich das einmal anschauen. Wenn Sie im Norden sind, so besuchen Sie das verschlafene Städtchen Metula. Ich sah dort stets weniger Einwohner als frei laufende Hunde. Sie können von Metula aus direkt auf ein libanesisches Dorf sehen, dazwischen die patrouillierenden gepanzerten Fahrzeuge der Vereinten Nationen.

Wieso schicke ich Sie dorthin? Weil solche Orte mir immer deutlich machen, wie nah alles im Nahen Osten ist und wie schnell der Konflikt zweier Länder zum Konflikt einer ganzen Region werden kann. Und mir zeigt so ein Besuch an der Peripherie auch: Nur ein Frieden mit allen Nachbarn Israels bedeutet einen dauerhaften Frieden für Israelis und Palästinenser.

Bevor Sie die Grenzgebiete zum Libanon, zu Ägypten oder Syrien ansteuern, sollten Sie mit dem israelischen Hotelpersonal sprechen. Kleinere Angriffe schaffen es nicht in die Weltnachrichten. Die Lokalmedien hingegen berichten ausführlich. Raketen flogen schon reichlich vom Libanon und von Syrien Richtung Israel.

Kaum im Grenzstädtchen angekommen, werden Sie von den Bewohnern beruhigt. Hier seien Sie sicherer als sonst wo in Israel! Das Ziel dieser Raketen sei das Landesinnere. Sie flögen daher in hohem Bogen über die kleinen Orte der Grenzregion hinweg. So weit die Theorie.

Das größte Problem aus Sicht der israelischen Bevölkerung stellen gewaltbereite palästinensische Parteien dar – allen voran die im Gazastreifen starke Hamas. Ein Frieden mit den Palästinensern in der Westbank würde somit nicht zwingend zu einem Frieden mit den Gaza-Palästinensern führen. Doch sollte es gar zu einem umfassenden Frieden kommen, so müssten auch die Grenzen zum Gazastreifen geöffnet werden.

Eine Kollegin aus der Westbank hat Familie im Gazastreifen. Um sie zu sehen, reist sie mit dem Bus nach Jordanien. Von Amman fliegt sie ins ägyptische Kairo und fährt mit dem Bus durch die Sinaihalbinsel zum Gazastreifen. Das kostet mehrere Tage Zeit und mehrere Hundert Euro pro Person. Wären die Grenzen offen, könnte sie die Strecke quer durch Israel in eineinhalb Stunden mit dem Auto zurücklegen. Die Öffnung des Gazastreifens ist jedoch so ziemlich das Letzte, was sich viele Israelis vorstellen wollen. Sie befürchten neue Anschläge.

Das Problem mit den Radikalen kennen beide Seiten. Auch unter den Siedlern haben sich extremistische Gruppen herausgebildet, die bekannteste ist die Hügeljugend. Dabei handelt es sich um gewaltbereite Israelis, die an einer ultimativen Friedenslösung keinerlei Interesse haben.

Die Radikalen auf beiden Seiten folgen dem immer gleichen Muster: Wenn sich Israelis und Palästinenser offiziell einig sind, Präsident und Premierminister unterschreiben, das US-Präsidialamt anreist, sich alle feierlich die Hände schütteln, dann … jagt sich ein palästinensischer Extremist mit einem Sprengstoffgürtel in einem israelischen Restaurant in die Luft. Oder ein israelischer Extremist erschießt mit seinem Gewehr mehrere Dutzend Palästinenser, die in einer Moschee beten. Hört sich grausam an, gab es alles schon.

Die Geschichte der Friedensverhandlungen ist immer auch eine Geschichte der eiskalten Friedensgegner. Der lodernde Hass der mächtigen Radikalen macht die schönen Verträge zu Asche. Bei dem Versuch, ihre Motive zu ergründen, stieß ich auf den österreichischen Konfliktforscher Friedrich Glasl. Er packte den klassischen Verlauf von

Konflikten jeder Art in ein Modell. So gibt es Win-win-Situationen, Win-lose-Situationen und die Lose-lose-Situation, bei der alle Konfliktparteien verlieren.

Das Modell kennt neun Eskalationsstufen. Die erste ist die sogenannte Verhärtung, danach kommt es zur Polarisierung und der Debatte. So geht es erst noch halbwegs gewaltfrei weiter. Die Radikalen in Nahost sind bei der letzten Stufe angekommen, und diese heißt bei Friedrich Glasl: »Gemeinsam in den Abgrund«.

In manchen Momenten sind die Vorstufen zu diesem grausamen Finale auch bei anderen Teilen der Bevölkerung erkennbar. Ein Berliner mit arabisch-israelischer Abstammung erinnerte sich im Gespräch mit mir an den Golfkrieg 1991. Saddam Husseins Raketen schlugen in Israel ein. »Wir erhielten Gasmasken und versteckten uns in einem Raum. Draußen hörte ich Lärm und schaute nach. Die Nachbarn tanzten auf den Dächern und feierten die Bombardierung.«

Frei nach Glasl bedeutet das: Die eigene Vernichtung wird in Kauf genommen, wenn der Feind dadurch geschädigt wird. Über zwanzig Jahre nach dem Ersten Irakkrieg erlebte ich etwas Ähnliches. Auch meine Nachbarn in Palästina versammelten sich freudig auf den Dächern, als die Hamas Raketen nach Tel Aviv schickte. Vom Dach hatte man einen Ausblick auf das Lichtermeer der Großstadt und somit auf die Angriffe.

Kaum wechselte ich die Seite und reiste während des Krieges 2014 nach Israel, hörte ich Sätze voller Hass: »Wir müssen Gaza endgültig wegbomben.« Wohin sollen denn zwei Millionen Menschen gebombt werden, hätte ich am liebsten gefragt. Und was wäre danach? Wie viele Millionen würde das wiederum weltweit radikalisieren, den Konflikt schlussendlich anheizen?

Manche sagen, der Teufelskreis ist zu durchbrechen, wenn am Konflikt kein Geld mehr verdient werden kann. Bewegungen, die daran arbeiten, gibt es genug. Eine nennt sich »Who profits« und zeigt auf, welche internationalen Firmen an der Besatzung Geld verdienen. Eine andere fordert dazu auf, Israel zu boykottieren, wo immer es politisch, wirtschaftlich, kulturell geht. So lange, bis die Besatzung zu Ende ist.

Fairerweise müsste es derart kritische Bewegungen auch auf palästinensischer Seite geben. Wer kontrolliert dort die Korruption? Wer hindert die großen Konzerne daran, Billigstarbeiter einzustellen und zu maximalen Preisen mangels Konkurrenz Produkte zu verkaufen? Wer erinnert die Machthaber, dass ein Staat, der sich Demokratie nennt, regelmäßig Wahlen durchführen muss? Und beim Blick auf die internationalen Partner: Wer verdient Geld am Verkauf der Waffen und Panzerungen, Raketen und Abwehrraketen?

Wer so viel klagt wie ich, der muss es natürlich besser machen können. Der muss zeigen, wie es gehen könnte, warum ein Frieden doch möglich ist. Ich versuchte es gewissenhaft als israelischer Premierminister und als palästinensischer Präsident. Ehrlich! Und Sie können das auch mal probieren, den funkelnden Zepter der Macht in den Händen spüren und sehen, wie schwer sich das klobige Ding anfühlt.

Alles, was Sie dazu brauchen, ist das kostenlose Computerspiel Peacemaker. Wenn Sie danach suchen, so stoßen Sie vermutlich erst einmal auf ein anderes Spiel gleichen Namens. Dort können Sie zwischen drei verschiedenen Helikoptern auswählen. Ein riesiges Waffenarsenal steht bereit. Und der Untertitel dieses Spiels lautet: »Beschütze. Suche. Zerstöre.« Im Werbetext heißt es: »Die Zeit der Verhandlungen und der Nachsicht ist jetzt vorbei.«

Das erste Peacemaker-Spiel sieht da etwas verstaubt aus, zugegeben, die Simulation hat schon ein paar Jahre auf dem Buckel und ist recht statisch. Sie müssen als politischer Entscheider Frieden schaffen in Nahost. Sie bestimmen über das Militär, die Polizei, die Siedler, die Radikalen, über humanitäre Hilfe und vieles mehr.

Doch meine Entscheidungen führten häufig zu nichts. Mal versagte mir mein Parlament die Unterstützung. Mal fällte das hohe Gericht eine Entscheidung gegen mich. Mal verweigerten meine stets alles besser wissenden Berater die Gefolgschaft. Mal wollten die eigenen Leute den so gut gemeinten Forderungen nicht nachkommen. Es war zum Verzweifeln.

Auch meine Rede an das Volk und sogar an die große internationale Gemeinschaft führte zu nichts. Ich versuchte mich auf beiden Seiten mal als kämpfender Falke und mal als friedliebende Taube. Spätestens nach zehn Minuten Spielzeit wartete stets erbarmungslos das Game Over auf mich. Man wählte mich ab, einmal jagte mich der Mob vom Amtssitz. Wie einfach war es da doch, mit dem Kampfhelikopter in den Sonnenuntergang zu donnern. Frieden sieht natürlich anders aus.

Grenzen, Jerusalem, die Radikalen, die Flüchtlinge und Siedler, die internen Probleme, was vergessen? Vielleicht den internationalen Seehafen, den Palästinenser bräuchten, oder den eigenen Flughafen? Ja, auch, doch das steht weit hinten auf der Liste. Weit vorne, da lebensnotwendig, das Wasser. Wer in Jericho wohnt, der hat es gut. Ich lernte dort Palästinenser kennen, die im eigenen Garten einen Brunnen anlegten und das Grundwasser seither frisch anzapfen.

Wasserdiebe sozusagen, denn Genehmigungen bekommen sie dafür keine. Doch welche Wahl hat man an einem der tiefst gelegenen bewohnten Orte der Erde? Es ist so heiß, und zugleich ist das Grundwasser so nah. Das offizielle Jericho-Wasser wird in 1,5-Liter-Flaschen überall in Palästina verkauft. Nicht weit davon entfernt liegt die Quelle von Ein Gedi, und die Flasche, die es überall in Israel zu kaufen gibt, fasst sogar zwei Liter.

Immer ist Wasser ein hochpolitisches Thema. Israelische Behörden entscheiden, wo und wie tief in Palästina danach gebohrt werden darf. Und im Hochsommer wird es knapp. Ich saß mit meiner Familie selbst mehrmals auf dem Trockenen. Die Wassertanks auf dem Dach füllte die palästinensische Stadtverwaltung wöchentlich auf, dann floss das Wasser durch die Rohre in die Behälter.

Manchmal blieben diese Lieferungen aus. Ich kletterte auf das Dach, und wir überlegten, was wir mit dem bisschen Nass noch machen konnten. Ein Anruf genügte, und der Wassertanklaster rollte an. Doch das fühlte sich nicht gut an, denn außer uns Ausländern und den reichen Palästinensern konnte sich diesen Wasserluxus auf Rädern kaum einer leisten.

Der israelische Autor und Musiker Assaf Gavron überlegte, wie sich die Wassernot zuspitzen könnte. Seine düstere Zukunftsaussicht auf das Jahr 2067 heißt *Hydromania*. In seinem Roman steigen Helikopter auf, beschießen Regenwolken mit »Silberjodid und elektronischer Ionisationsmaterie«, damit sie alles an der richtigen Stelle, also im eigenen Land, abregnen.

Wer hat die Herrschaft über diese Regenwolken, die viel zu selten am Himmel auftauchen? Wer darf das Wasser filtern und verteilen? Im Buch sind es die Palästinenser, die nach einem Wasserkrieg den See Genezareth kontrollieren – heute Israels größte Süßwasserreserve.

Wer auf solche Geschichten kommt, der hat vielleicht auch eine kreative Lösung für den Nahost-Konflikt. Ich fragte Assaf Gavron, der schon so manche visionäre Antworten auf meine Fragen hatte. Er reagierte sofort und unmissverständlich per Mail: »Ich habe keine wundersame Lösung. Und es wäre töricht von mir, etwas vorauszusagen. Tut mir leid. Ich kann Dir dieses Mal nicht helfen.«

Also zurück zum Wasser. Es ist fraglos existenziell, doch ebenso wichtig im Alltag ist Energie. So manche Winterabende verbrachten wir in Palästina ohne Strom bei Kerzenlicht. Hört sich romantisch an. Solange – wie bei uns – die Heizung nicht auch mit Strom funktioniert. Wir ließen einen Holzofen einbauen und heizten so, wie es meine Großeltern früher taten. Allerdings gibt es viel zu wenig Holz in Palästina. Und bei der billigen Isolation der Häuser verpufft die Wärme, kaum ist das Feuerholz nur noch Glut.

Auch auf israelischer Seite zeigen sich Risse. Nie vergessen werde ich ein Gespräch mit einem Museumsdirektor in Tel Aviv. Wir saßen in seinem Büro, tief im Inneren des Museumstraktes. Er klagte über die »arabische Rückständigkeit« und feierte mit ausladender Handbewegung die »jüdische Moderne«. Genau in diesem Augenblick erlosch das Licht, und wir saßen im Dunkeln. Es war Hochsommer, und in Tel Aviv liefen wie überall im Land die Klimaanlagen auf Hochtouren. Das Stromnetz brach zusammen.

Noch immer bin ich Ihnen die Antwort schuldig, wie der Nahost-Konflikt zu lösen ist. Und ich bleibe es leider, weil ich es noch immer nicht weiß. Auf Lesungen zitiere ich an dieser Stelle gern Elad. Ich traf den damals sechzehnjährigen Israeli zusammen mit seinem Freund, einem gleichaltrigen Palästinenser, in Jerusalem. Sie besuchten zusammen ein Friedenscamp. Davor hatten sie keinen Freund von der anderen Seite des Konflikts. Im Camp teilten sie sich ein Zimmer, lernten sich kennen. Während des Gespräches sagte der Palästinenser, Aiyub, zu mir: »Wenn wir beide es schaffen, im selben Zimmer zu wohnen, dann muss es doch möglich sein, friedlich am gleichen Ort zu leben. Für mich heißt das Land Palästina, für Elad Israel. Über den Namen können wir uns später streiten, wenn sich beide Völker anerkennen und alle die gleichen Rechte haben.« Und Elad fügte den Worten seines Freundes hinzu: »Wir sind hier, das ist unser Zuhause, und wir müssen eine Lösung finden.«

Im Laufe der Jahre hörte ich immer wieder mal von den beiden und sah, wie sie sich voneinander entfernten. Die Armee berief Elad ein, und Aiyub wollte offenbar keinen Freund in israelischer Uniform haben. Weitere Jahre vergingen, und ich traf Elad eines Abends in Tel Aviv. Zehn Jahre nach dem Friedenscamp erinnerte ich ihn an seinen Satz von damals: »Wir sind hier, das ist unser Zuhause, und wir müssen eine Lösung finden.«

Wie wirkten die Worte von damals auf ihn, nach seiner Armeezeit, nach den neuen Kriegen und angesichts des wieder einmal verhärteten Konflikts?

»Vieles hat sich verändert«, sagte Elad und machte eine Pause. »Doch ich habe immer noch dieselbe Meinung.«

# Danksagung

Eine Gebrauchsanweisung für Israel UND Palästina – alles in einem Buch? Nebeneinander und manchmal sogar miteinander? Unglaublich. Doch nun ist es zu spät, genauer gesagt: es ist gedruckt.

DANKE an alle, die daran mitgearbeitet und daran geglaubt haben! Allen voran ein Dank an meine israelischen und palästinensischen Gesprächspartner.

Kaum war das Manuskript geschrieben, suchte es kritische Erstleser. Danke für Eure Kommentare: Caroline Fries, Dr. Steffen Hagemann, Samira Jamal, Ron Segal und, wie immer unermüdlich am Ruder, Matthias Simnacher und Britt Ziolkowski.

Margret Woitynek vom Piper Verlag stand mir engagiert und motivierend zur Seite. Mein Lektor Fabian Bergmann strich Sätze aus meinem Text, bei denen ich froh bin, sie nur an dieser Stelle des Buches zu erwähnen (»Das Hühnchen wird mit reichlich Kräutern und Gewürzen vor sich hin köchelnd zum Leben erweckt«). Sein fachkundiger Blick rettete noch ganz andere Stellen – danke schön! Aenne Glienke, meine Agentin, hatte dieses Buch schon im Kopf, bevor ich die erste Zeile niederschrieb. Käthe und Rudi danke ich für das idyllische Schreibexil. Der Bande danke ich wie immer für alles, was wirklich wichtig ist.

Bereits erschienen:
**Gebrauchsanweisung für ...**

01/0001/21/L

01/0003/21/L

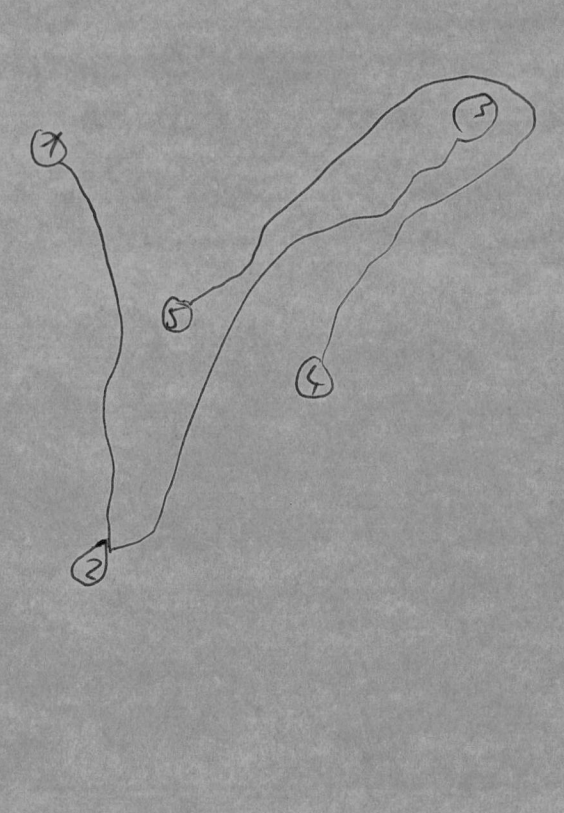